「勉強しなさい!」と言わない子育て

学ぶ力の育て方

「教えない授業」のエッセンスを家庭へ

山本崇雄
Yamamoto Takao

時事通信社

はじめに

変化の激しい時代、学校も変わらなければならない。よく聞かれる言葉ですが、どんな学校が良い学校なのか。どんな子育てがこれから必要なのか。迷われている方も多いのではないでしょうか？　そんな迷いに対する一つの答えとして、この本を書くことを決めました。

自分でやりたいことを見つけてどんどん学んで、行動できる子になってほしい。そう頭で思っていても、目の前でスマホやゲームに没頭している姿を見ると不安になりますよね。「勉強しなさい！」とお父さん、お母さんは、子どもについ言いがちです。僕も子を持つ親ですから、そう言いたくなる気持ちはよく分かります。僕だって、つい、言ってしまったこともありますし、「そんなことは一度も言ったことはない」という方は、多分少数派でしょう。「私が強く言わなければ、うちの子は勉強しないんです」「どうしたら自分から勉強してくれるようになるでしょう」……こうした相談をたくさん受けてきました。それに対して僕はいつも次のように投げ掛けています。

「お子さんが将来、社会に出た時にどんな力を身に付けていてほしいですか？」

そして、勉強することを自転車に乗ることに例えて続けます。

「誰でも最初から自転車を上手に乗ることはできませんよね。最初は、補助輪を付けたり、親が手で押さえたりします。ずっと支え続けるといつまでたっても一人で自転車に乗ることができなくなります。勉強も同じです。いつ手放すんですか？」

転ばせたくない気持ちは分かります。でもずっと手を掛け過ぎていたら、補助輪なしにはいられなくなります。誰かに与えられ支えられないと物事を決められなくなり、ゆくゆくは自分で何も決められない大人になってしまいます。

先日、ある新聞記者の方と話していたら、最近の新人の記者にも同じようなことが言えるそうです。「自由に自分の書きたいテーマを取材していいよ」と言うと、何を書きたいのかが分からないという反応をする。そして、「指示がないと書けません」と不平も言うようになる。社会人の方であれば、最近の新入社員に同じようなことを感じた経験があるかもしれません。

そう考えると、自律していない大人を育てたのは、今の教育に原因があると言わざるを得ません。ですから、家庭でも学校でも、教育で一番大切なのは、「いかに手を放すか」なのです。

手放した時、最初は失敗もするでしょう。それでも大切なのは、たとえ失敗したとしても、自分で決めたという経験です。自分で決めて、自分で動きだして初めて失敗が意味あるものになります。それを横浜創英中学・高等学校の前校長・工藤勇一さんは「失敗は子どもの自律への学びに変えるチャンスだ」という言葉で説明します。

誰かに言われて、やってみた結果失敗したら、失敗の原因を他人のせいにします。一方、自分で決めたことに関しては、失敗したとしても自分の責任と感じるようになります。そして、失敗を成長に変えていく学びをする。失敗するごとに、自律する力を身に付けることができるのです。

ただ、やっかいなのは、この自律を育てる教育には時間がかかるということです。また、自律の芽を出すスピードは子ども一人ひとり異なっています。一見、非効率にも見えますし、これまでの日本の教育でもいいのではないかという声も聞かれます。事実、2023年末、「OECD(経済協力開発機構)生徒の学習到達度調査(PISA2022)」で数学的リテラシー・科学的リテラシー・読解力の各調査結果で日本の順位が良くなったことが話題になっていました。日本の教育は捨てたものではないという声も聞こえてきます。

しかし、この調査で注目したいのはそこではありません。この調査には「学校が再び休校した場合に自律学習を行う自信があるか」といった質問項目があります。この中で、「自分で学校の勉強をする予定を立てる」「自分の学習の進み具合を評価する」等に対して、半数以上の日本の子どもが「あまり自信がない」「全然自信がない」と答えています。日本の子どもたちの大半が、「自ら学ぶ自信がない」と答えているのです。この事実は学力調査の順位などより、よほど深刻な問題だと思いませんか？

では、どのようにすれば学びに対する自信や意欲を持った子どもたちを育むことができるのでしょうか？　これは保護者の皆さんはもちろん、僕たち教師にとっても大きな課題です。

僕はこの答えを探すべく教育実践を続けてきました。その一つが、生徒主体の「教えない授業」と呼ばれる実践です。僕の勤務する横浜創英中学・高等学校では、この実践をさらに広げ、すべての教科で生徒が主体となって学ぶカリキュラムを開発しているところです。

本書では、ある架空の家族・架空の学校をモチーフに、親子それぞれの視点で、それぞれの悩みを浮き彫りにしていきます。その多くが、現在多くの先生や保護者が抱えている悩みでもあると思います。その一つの答えとして、僕が普段、先生や保護者と話していることを僕の実践に裏付けながらお伝えしようと思います。

この家族が救われていくように、本書が教育に携わる多くの方の心を少しでも軽くできればと願っています。

目次

CHAPTER 3

家庭の役割　学びを支えるコミュニケーション

CHAPTER 4

学びは自分でつくる 学び方・学ぶ環境の整え方

CHAPTER 5

なりたい自分を見つける　子どもの自律を支える　137

登場人物紹介

山本先生

教師をしているお隣さん。いくつもの学校に勤務した経験があり、現在は「教えない授業」を導入している私立中高一貫校（習の学校とは違う）に英語教師として勤務している。

お父さん（学）

メーカー勤務の会社員。社会の諸問題について関心が高い。先進的な教育に対する関心も高く、新しいものを抵抗感なく受け入れるタイプ。

お母さん（育）

地方公務員。穏やかで世話好きな性格。どちらかというと保守的で、時代の急激な変化に戸惑うことが多い。

とある町に住む4人家族

娘（律）

地元の公立中学から公立高校（進学校）に進んだ高校2年生。真面目で几帳面な性格で、学校の先生や親の言うことをよく聞く優等生。勉強は得意だけれど、勉強が将来にどう役立つのか、将来どうなりたいのか、分からなくて不安がある。

息子（習）

中学1年生。先生や親に言われたことには素直に従うが、甘えん坊で流されやすい面があり、叱る人がいないと勉強をサボってゲームに時間を費やしてしまう。「教えない授業」で生徒の自律を促すことで知られる私立中高一貫校に入学したが、今のところ大きな変化は見られない。

CHAPTER 1

昭和vs令和
学びは
変わりつつある

「これからの先行き不透明な変化する時代を生き抜いていくには、昔風の、知識を教えることだけに力を入れる学校では心配だね」というお父さん（学）の強い意向で、息子（習）は、子どもの主体性を尊重した自由な学びや探究活動に力を入れている中学校に進学。お父さんは安心していますが、お母さん（育）には不安があるようで……。

春

長かった中学受験がようやく終わり、第一志望の学校に進学した息子・習は、楽しそうに学校に通っている。毎日毎晩、塾に通う息子の送り迎えに仕事を調整する必要もない。受験期のピリピリした空気はすっかり消え去り、卒業入学の慌ただしさも落ち着いた。

夕食の片付けも終わり、2人の子どもたちがそれぞれの部屋に引き上げたリビングで、学（お父さん）はゆっくりした時間を満喫していた。

付けっ放しにしていたテレビから、自分と似た年格好の会社員が、新入社員の気質を嘆いているのがふと耳についた。

「**自分でものを考えないから、社会に出て困る**んだ。習は、本当に良い学校に入れてよかったなぁ」

この春、息子が進学した学校は、自ら考え、判断し、行動できる力を育むこと、自律性を育むことを目標に掲げている私立の中高一貫校だ。

「『昔からあるような教育じゃダメだ、自律性を育む学校に行かせるべきだ』って、結構、強引に第一志望にさせたわよね……」

ソファの向いでスマホをいじっていた育（お母さん）の返答にピリッとしたものを感じ、学はびくっとした。育は娘・律が卒業した地元の中学校で十分だと、習の受験にあまり乗り気ではなかった。それでも、第一志望合格に喜んでいたはずなのだが……これは何かあったな。

「地元の学校は落ち着いた良い学校だけど、何て言うか、昔ながらのよくある指導をしているだろう。時代に合った教育に取り組んでいる学校に行った方が、社会に出た時に役立つ力が身に付くよ」

「そう思って受験も納得したし、楽しそうに通っているから安心してたけど……。この前、習の小学校時代のママ友と話してたら、不安になっちゃって」

受験しなければ進学していたはずの地元の中学校では、今年から放課後の学習サポートが始まったらしい。主要教科の授業は習熟度に合わせてクラス分けされ、レベルに合った指導、宿題が用意されて、学びに遅れが出ると放課後の学習サポートへの参加が呼び掛けられるという。

「習の学校は宿題がないって言ったら、驚かれちゃった。家で勉強しなくならないかって。受験が終わったばっかりだから、しばらくゆっくりするのもいいなと思っていたけど、そういえば、最近、習が勉強している姿を見てないし……。あの子は、お姉ちゃんと違って言われないと勉強しないから、しっかり指導してくれる学校の方が向いてたんじゃないかって……」

「でも、親や先生に言われて勉強するってことをずっと続けてきた子どもが、今、『指示待ち人間』な社会人って言われているんじゃないかな。指示がなくても自分で考えて行動できないと、社会課題やニーズに対応していけないだろう。今の社会が望むのは自ら動ける人材になってきているんだから、未来の社会人を育む学校だって変わっていかないとダメだろう。自律性を育むことは重要だよ」

「社会人になっても言われたことしかできないんじゃ困るけど、義務教育は基礎学力を養う場所でしょう？　**社会の変化に合わせて変えていく必要はある**ものかしら？」

基礎学力を身に付ける段階では、従来通り、先生の指示・指導に従って学ぶ方が効果的なのではないかという育。その意見にちょっと納得しそうになり、慌てて考えを巡らせ、習の学校説明会で聞いたことを頭の中から引っ張り出す。

「先生の指導で勉強して、指示に従うことが評価される状況に長いこといて、それで社会に出たら『自分で考えて動け』って言われても、そんなすぐに変われないだろう。自律性はそんなに簡単に身に付かないいんじゃないかな。習にはお姉ちゃんとか友達に頼る、甘えん坊なところがあるから、早くから自律を促していかないとさ」

「それはそうかもしれない……けど、**指示に従って動く力も大切じゃない？** 指示に従ってくれない部下も困るでしょう？　それに、自律とか、探究とか言ってて、大学入試に影響しない？　**大学入試には一定の知識が必要でしょう？**　学歴はやっぱり就職に影響するでしょう？」

「**大学入試はどんどん変わってきている**みたいだし、そもそも勉強ができるだけの人材を企業は求めてないよ」

「大学入試、変わってきているの？　どう変わってきてるの？　何だかんだ言って、就職時には学歴が物を言ったりしないの？」

矢継ぎ早の問い掛けに的確な答えが出てこない。ふと頭に、お隣の山本さんの顔が浮かぶ。習の受験校選びの時にちょっと相談に乗ってもらったことがあった。あの人の勤務している学校も、生徒の自律性を重視した教育方針を取っていたはずだ。

「じゃあ、今度、お隣の山本さんに聞いてみようか。あの人、私立中学の先生なんだから、僕たちよりずっと今の教育に詳しいはずだよ」

Q 社会が変わると、なぜ学校も変わるのでしょうか？

A **これからの社会の担い手を育むのが学校です。社会に求められる人材を育てるために、社会の変化に合わせて、学校も変わっていきます。そして、学校が変われば社会も変わっていきます。**

もっと教えて！

お母さん　社会が変わっているというか、情報通信技術（ICT）が、すごい速さで進化しているのは、私も感じています。でも、それがなぜ、学校教育の変化につながるのか、イマイチぴんときません。

山本先生　インターネットが普及して以降、世の中は大きく変わりましたよね。近い将来には、コンピューターの性能が飛躍的に高まって、AIなどに取って代わられる仕事が出て来るともいわれています。今はない職業に就く子どもが、たくさん出て来るという話を聞いたことはないですか？

お母さん　その話は聞いたことがあります。なくなる仕事もあるって。ただ、学校教育って、どんな社会になっても必要とされる、基本的な知識技能をしっかり身に付けさせるものでしょう？

山本先生　いわゆる「読み・書き・計算」ですか？　確かに、どんな社会においても必須の知識はありますし、それを身に付けさせることが学校教育には求められます。でも、それらを一斉教授型の授業で一方的に教師が教えていたら、その授業のレベルに合わない子を取り残してしまいますよね。「読み・書き・計算」も自分で獲得していこうとする力が大切です。それに、学校教育に期待されるものは、「読み・書き・計算」だけではないですよね？

お母さん　はい。社会に出て困らないくらいの知識技能も身に付けさせたいです。

山本先生　「社会に出て困らないくらいの知識技能」やその学び方って、時代によって大きく変わるものですよね。例えば、日本の学校では、計算機や電子辞書をなかなか授業で使わない傾向にありました。知識を獲得するためにもこれらを使いこなせるスキルを身に付けた方が社会で役立つはずですよね。

さらに、2045年にはコンピューターの能力が人間の能力を上回る「技術的な転換点」が到来するという予測があります。今がその転換点に達しているという専門家もいます。仕事や生活に、これまでの常識を根こそぎ覆すような変化がもたらされる可能性が高いのだそうです。つまり、これからの社会に必要と思われる―

CTに関する知識技能にしても、今、必要と考えられている知識技能では、将来通用しない可能性が高いのです。

お母さん　子どもたちが社会に出た後、必要になる知識技能を、今、身に付けさせることはできないってことですか？

山本先生　いつの時代も社会がどう変化するかを完全に予測することはできません。ですから、子どもたちは社会に出たら、社会の変化を感じながら、これからの社会をより良くするために必要な知識技能をその都度、自分で学んでいく柔軟性が求められます。

お母さん　子どもたちは、大変な時代を生きていかなくてはならないんですね。何だか怖いような感じがします。

山本先生　そうですね。でも、僕たち世代だって、学校で学んだ知識だけで、ここまでやってこられたわけではないですよね？　ICTに関する知識なんて、僕が就職する時は、それほど必要とされませんでした。必要になったから学んで覚えて、その状況に対応してきたわけです。必要な知識を学び、自分をアップデートさせることは、僕たちもやってきたことなのです。ただ、昔より社会の変化が大きく、スピードも加速している分、子どもたちにはより一層、自ら学ぶ力が求められるようになっていくのだと思います。

お母さん　自ら学ぶ力を育てるには、これまでのような学校教育では不十分だから、変わっていくということですか？

山本先生　先生が黒板の前に立って、ひたすら教科書内容を子どもたちに教えるという授業では、子どもたちの学びの姿勢は受け身になりますよね。自ら学ぶ力を鍛えることは難しいと思います。

学校は、未来の社会の担い手を育む場所です。未来の社会を支え、自分らしく生きていける人材を育むことが求められます。社会が変化していくなら、それに合わせて学校も変化しなければいけないのです。

お母さん　社会が、学校に変わることを求めているんですね。

山本先生　そうですね。でも、変化は社会の方からの一方通行ではないと思います。学校が変われば社会も変わります。学校は子どもの成長に影響するものですから、社会を担う人材の質も変わってきます。その変化は、当然、社会の変化につながるでしょう。学校がこれからの社会を創っていく視点も大切です。

子どもたちは大人の想像や予想を軽く超えてくる生き物です。学びは一方的に与えられるものではない。必要な知識は自ら学び取っていくものだという意識が身に付いた子どもたちが、社会の担い手になったら、どうなっていくでしょうか。解決したい問題に直面した時、誰かが指示してくれるのを待つのではなく、自ら主体的に取り組んでいってくれそうな気がしませんか？

Q 会社では「指示待ち人間」の多さが問題になっていると感じます。原因はどこにあるのでしょうか？

A **自分で決めて動くことができない、主体性のない人間が増えたというのであれば、原因の一つは「学校教育」ということになると思います。**

もっと教えて！

お父さん　これからの社会を生きていくには、その時々で必要な知識技能を自ら学び取っていく力が必要だということは分かりました。それは裏を返せば、今、自分で学ぶことができない社会人が多くて問題になっているってことですよね。

山本先生　そうなりますね。会社勤めの知人から、『××については自由にまとめていいよ』などと指示を出すと、何もできなくなってしまう新入社員が多くなった」という話を聞いたことがあります。細かく指示を出せば、きちんとこなせるけれど、「自由」と言われると何をしたらいいのか分からず、動けなくなってしまう。

いわゆる「指示待ち人間」が多いことが問題になっているようです。

お父さん　確かに私の職場にも「指示待ち人間」が少なくない気がします。なぜなのでしょう?

山本先生　なぜ自分で決めて動けないのか、主体性のない人間が増えたのかと言えば、「学校教育が子どもたちにサービスを与えていくものになってしまい、そのツケが回ってきた」ということになるでしょうか。

良い大学に入学すれば、良い会社に就職ができて、終身雇用が約束される。高度成長期には当たり前だったこの考え方は、令和になる前に限界に達しつつあります。それにもかかわらず、子どもたちの主体性を育むような学びへの変化が起こらなかったことが原因の一つでしょう。

お父さん　企業としては、採用した人材にもっと主体的に仕事をしてもらうにはどうしたらいいかが、重大な課題になっています。

山本先生　主体性を取り戻させるのは、簡単なことではないですよ。僕が尊敬する先生方は「親や周りの大人に頼り切りの幼稚園生を主体的にするには3カ月、小学校6年間を親や先生の言いなりに過ごした子を主体的に変えるには1年、中学卒業まで依存状態で過ごした子を高校で主体的にするには3年、大学に進み、新卒で就職した人が主体性に目覚めて自発的に仕事をするようになるまでには5年かかる」と言っています。

主体性に富んだ、自分で考えて決められる人を育てることはとても大切なことです。ただ、主体性をなくした状態が長くなればなるほど、取り戻すまでの期間も長くなるので、一朝一夕にいくものではありません。

お父さん　だからこそ、学校に通っている間に、自ら学ぶ力を身に付けさせ、主体性を取り戻させることが重要なんですね。

山本先生　その通りです。自ら学ぶ力は、これからの社会はもちろん、今現在の社会においても求められている力でしょう。もっと言えば、「自分の特性」をより生かせる方法を積極的に探し、開発していくために、常に学び、自分をアップデートしていく力です。

お父さん　「自分の特性」を生かす、ですか。

山本先生　会社や組織に属さず、「自分の特性」を生かして仕事を創り出し、お金を稼ぐ「起業家」と呼ばれる人が、珍しい存在ではなくなってきていますよね。社会の変化により、働き方も変わってきているんです。

終身雇用は崩壊しつつあり、新卒で入社した会社に定年まで勤めるという働き方は少なくなってきています。僕の周囲にも、複数の仕事を兼業してマルチタスクの働き方をする人が増えています。

お父さん　自分を生かせる方法や手段を考えて仕事を生み出していく力があれば、会社に自分を合わせて働くより、ずっと自分らしい生活ができそうですね。

山本先生　はい。そして、働き方が多様になるなら、学校生活だって多様になっていいはずですよね。例えば、お子さんが部活をやめたいと言ったらどうしますか？

お父さん　娘の場合、小学校から続けているスポーツなので、引き止めるかな。

山本先生　なるほど。でも、お父さんに言われてやめるのをやめたら、壁にぶつかった時、お父さんのせいにするかもしれませんよ。「お父さんが続けろって言ったから」って。

お父さん　新卒で入った会社にずっと勤めるとは限らないように、部活でやっているスポーツなどが一生続く趣味になるとは限らない、だから、やめるのもやめないのも、自分で考えて、決めることが大切ってことですか？

山本先生　そうです。僕が教師になりたてのころ、生徒が部活をやめたいと言うと、多くの先生は、やめないよう指導していました。一つのことをやり遂げることが重視され過ぎていたんです。でも僕は、当時から「自分で決めなさい」と言ってきました。もちろん、色々な考えを知ることは重要ですから、助言することは悪くありません。でも、決めるのは本人です。選択を後悔することもあるでしょう。でも、自分で決めたことで後悔するのは、悪い経験ではありません。

自分の特性等を考えて、何をしたいのかを常にアップデートしていくことが大切です。時には複数の部活を掛け持ちすることだってありだと思います。これからの社会を見据えて、お子さんの自己決定を尊重してあげましょう。

Q

大学入試も変わりつつあると聞きますが、どう変わるのでしょうか？
知識技能は問われなくなるのでしょうか？

A

知識さえあれば、良い点が取れる単純な問題ではなく、基礎学力とその応用力、思考力・判断力・表現力など、幅広い力が総合的に備わっているかどうかが重視されるようになってきました。

もっと教えて！

お母さん　社会が変化すると学校、教育が変わるなら入試も変わっていきますよね。そういうニュースも耳にします。うちの子どもたちが大学受験する時は、どうなっているのか、心配です。

山本先生　学校教育が変われば当然、入試も変わっていきますから、心配ですよね。ご存じかもしれませんが、国公立大学の場合、大学入学共通テスト（一次試験）と各大学による二次試験の合計得点で合否を判定するのが一般的な入試、一般選抜です。

お母さん　大学入学共通テストって、昔の大学入試センター試験ですよね。一次試験と二次試験があるという構成は私たちの頃と変わっていませんね。

山本先生　そうですね。ただ、試験内容は変わってきています。知識量が問われるというより、学校で学んだことをどれくらい深く理解しているか、その理解の質を問うような問題が増えてきている印象です。

お母さん　知識技能はそれほど問われないということでしょうか？

山本先生　思考力・判断力・表現力などが測れるような問題が出題されているのですが、こうした問題に適切に解答するには一定以上の学力も必要です。その意味では、知識技能も問われていると言えます。

お母さん　知識技能を詰め込むだけの学びでは、対応が難しい問題が増えているということですね。私立大学の入試も同じ感じですか？

山本先生　個々の大学の状況は、一般化できないくらい多様になっていて一言では言えないのですが、私立大学の入試も、思考力・判断力・表現力が問われる問題が増えています。

お母さん　大学入試には、一般入試以外にも推薦入試やAO入試なんていう形もありましたよね？

山本先生　「学校推薦型選抜（旧・推薦）」と「総合型選抜（旧・AO）」ですね。推薦の場合、在籍する高校の校長先生の推薦状が必要になるものです。調査書、面接や小論文、学力試験などが課されます。学力だけでなく、受験生の人となりが総合的に問われる入試ですね。この辺は私たちの頃とあまり変わっていないと思います。

総合型選抜も、学力だけを評価するのではなく、受験生の学習歴や探究歴なども含めた総合的な人物評価による入試です。推薦同様、書類選考、面接や小論文が基本で、学力試験があることもあります。グループディスカッションやプレゼンテーションなどが課されるケースもあります。

お母さん 私が学生の頃は「推薦やＡＯは学力試験がないから楽」と思っていましたが、これもずいぶん、変わっているのですね。学力試験も課されるのなら、一般選抜より大変そうな感じがします。

山本先生 推薦や総合型選抜は課される選考が多いですし、一般選抜より選考期間も長くなるので、大変かもしれませんね。ただ、学力試験だけでは判断できない、学問への興味関心や学びの姿勢など、受験生の「人物」を評価してもらうことができます。総合型選抜なら、在籍高校の推薦も不要ですから、多くの受験生が挑戦しやすいです。大学としても、面接などを通して、大学が求める人物像（アドミッションポリシー）に合った人材を集めることができます。近年では、ほとんどの私立学校が総合型選抜を導入していますし、半数以上の国公立大学も導入しています。

お母さん 「その大学で何を学びたいか」を表明できないと、合格できなさそうです。

自分の偏差値レベルに合う大学を受験するというのでは、ダメなんでしょうね。

山本先生　そうですね。「どのレベルの大学に行くか」ではなく、「大学で何を学び、将来その学びをどう生かしていくか」を考えること。教育には今、そういう流れがあると思います。偏差値を基準に進学先を決めるという考え方や進路指導も、今後はなくなっていくのではないかと僕は思っています。

学校、教育が変わり、高校までの12年間で、自分の特性を生かすこと、そして自ら学んでいく力を身に付けた子どもたちを、従来のような学力試験だけで評価・判断することはできません。大学入試の変化は自然な流れです。

ちなみに、僕がたくさんの生徒たちと一緒に学んできた中で見つけた、「いわゆる難関大学に合格する生徒の共通点」は、次の2点です。

①大学で学びたいことが具体的にイメージできている（目標設定）
②どんなことを、どんな方法で学んでいくかを自分で決めている（メタ認知）

教師として、すべての生徒がこの2つの資質を身に付け、戦略的に学べるように育てたいと思って日々、生徒と向き合っています。これらは入試の先にある社会でも役立つものであり、保護者の皆さんの願いでもないでしょうか。

Q

今、学校では、どのような方針の下で教育活動が行われているのでしょうか？

A

「令和の日本型学校教育」として、主体的で対話的で深い学びを実現するための授業改善を行うことが推奨されています。

もっと教えて！

お父さん　子どもたちに主体性を身に付けさせることは本当に大切だと改めて思いました。日本の学校教育の方向性も、子どもたちの主体性を育むようなものになっているのでしょうか？

山本先生　文部科学省は、これからの日本の学校教育が目指す姿を「全ての子供たちの可能性を引き出す、個別最適な学びと、協働的な学びの実現」としています。この「個別最適な学び」「協働的な学び」を実現するための手段として挙げられているのが、「主体的・対話的で深い学び」です。

主体的な学び＝学ぶことに興味や関心を持ち、自己のキャリア形成の方向性と関連付けながら、見通しを持って粘り強く取り組み、自己の学習活動を振り返って次につなげる学び。

対話的な学び＝子供同士の協働、教職員や地域の人との対話、先哲の考え方を手掛かりに考えることなどを通じ、自己の考えを広げ深める学び。

深い学び＝習得・活用・探究という学びの過程の中で、各教科等の特質に応じた「見方・考え方」を働かせながら、知識を相互に関連付けてより深く理解したり、情報を精査して考えを形成したり、問題を見いだして解決策を考えたり、思いや考えを基に創造したりすることに向かう学び。

学校や教師には、こうした学びができるように授業を工夫すること、それによって子どもたちが生涯にわたってアクティブ（能動的）に学び続けられるようにすることが求められています。

お父さん　主体的・対話的で深い学びというのは、つまりアクティブ・ラーニングのことでしょうか？

山本先生　主体的・対話的で深い学びを実現する手段の一つがアクティブ・ラーニングです。つまり、アクティブ・ラーニングなどを取り入れた主体的・対話的で深い学びを行う授業を通して、「全ての子供たちの可能性を引き出す、個別最適な学びと、協働的な学びの実現」を目指す、ということです。ちょっと分かりにくいでしょうか？

お父さん　つまり、子どもたちが「自分に合った最適な学び」をしていけるようにするには、授業を改善して、子どもたちが積極的に授業参加できるようにしていく必要がある。その手法の一つがアクティブ・ラーニングということですか？

山本先生　そうですね。僕の英語の授業では、生徒にペアや3～6人くらいのグループをつくらせ、相談しながら課題を解いていく活動をよく取り入れています。ディスカッションやディベートを取り入れることもあります。こうしたアクティブ・ラーニングを取り入れると、従来の講義型の授業より一人ひとりの発話やコミュニケーションの回数が格段に増えます。

お父さん　授業への参加意識が高まりそうですね。教科書の説明などの講義はあまり行わないのですか？

山本先生　ペアやグループワークを通して、英語の読み方・聞き方・話し方・書き方、もちろん文法も身に付くように工夫していますよ。教科書に関する学びで、僕がよく取り入れているのは、ジグソー法です。例えば、英語の長文を4つのパートに分割してカードに書き、その4枚のカードを教室の壁4カ所に貼ります。4人グループをつくって、担当パートを決めます。各自が担当パートのカードが貼ってある所に行って、書かれている英文を読んでグループに持ち帰り、それぞれの内容を組み合わせて全体のストーリーを理解するわけです。メンバーが情報を持ち寄り、話し合って文章を組み立てる過程で、英文への理解が深まっていきます。

文法を学ばせたければ、文法の解説を壁に貼ればいいですよね。学ばせたい内容を分割して複数のカードに書けばジグソー法で学び合うことができます。

お父さん　「グループに情報を持ち帰る」という役割が課されると、メンバーのためにもサボるわけにはいかないですね。パズルを協力して解いているみたいです。

山本先生　はい。この活動では、誰もが必要とされるのです。それは学びに向かう強い動機になります。メンバーのために、少々難しい英文でも一生懸命読もうとします。役割を果たせれば嬉しいですし、もっと頑張ろうという気持ちになると思いませんか？　英語が苦手な生徒もいますが、分からないことがあれば、メンバーの助けを借りて学んでいけばいいのです。反対に英語が得意な生徒は、苦手な生徒に教えることで、自分の理解が深まったりします。

協働して学ぶことでお互いの理解が深まれば、教室を「安心できる場所」にすることもできます。いじめ対策にもつながります。

お父さん　クラス全体の学ぶ環境の醸成にもつながるわけですね。ただ、グループワークやペアワークでは相性が重要そうです。

山本先生　確かにメンバー間の相性は重要です。ですが、社会に出たら、相性の悪い人と協働しなくてはならない場面も出てくるでしょう。どのメンバーの意見も尊重し、目標達成に向け、質の高い成果を挙げる知性を身に付けることが大切なのです。

Q　大人の言うことをよく聞く「従順な子ども」は、これからの社会ではダメなのでしょうか？

A　**いつまでも「大人に言われるまま」では、主体性は育ちません。自ら考え、行動できるようになることが重要でしょう。**

もっと教えて！

お母さん　主体性の大切さは分かります。指示がなければ動けないようでは、社会に出てから大変です。ですが、指示通りに動くことが必要な場面もあるのではないでしょうか？

うちの子たちは、家では多少、反抗することもありますけれど、先生の指示や指導には従っているようです。特に娘の方は、いわゆる「優等生タイプ」で、真面目だし、生活態度もしっかりしています。でも、主体的と言えるかどうか……。そういう子は、これからの社会では評価されないのでしょうか？

山本先生　そんなことはありません。大切なのは指示に対して、目的や理由を自分で考えて、判断し、実行しているかです。親や教師の言うことに従っている「だけ」では、主体性が育たないということです。

お母さん　親や先生に言われるがままではダメということですか？

山本先生　「しなさい」と言われて「する」という判断をするのに自分の意志があるかが大切です。指示を与えられた時、「指示の理由を考え、納得して動く」ことを心掛け、最終的には指示がなくても「自分で考えて、判断して、動く」ことができるようにならなければ、「指示待ち人間」になってしまいます。

「しなさい」と指示を出してくれる人が、生涯そばにいるわけではありません。教師がそばにいられるのは、子どもが学校に通っている間だけです。親には教師よりは長い時間がありますが、それでも、ずっと子どもに寄り添っていくことはできません。

お母さん　言われたことしかできないのでは、社会人としての可能性が狭くなってしまいますね。

山本先生　僕はこの主体性を育むことについて話す時、よく自転車の練習を例に挙げます。自転車に乗れるようになるまでには、親が後ろから支えたりしますよね。ちょっと慣れてきたと思ったら、「放さないでね！」と言われても、適度なところで手を放します。すぐに倒れてしまって子どもに怒られたりもしますが、いつまでも親が支え続けるわけにもいきませんから、また手を放します。だんだん倒れるまでの距離が長くなって、そのうちすうっと走っていけるようになるわけです。

お母さん　手を離さないと、いつまでたっても一人で自転車に乗れるようにはなりませんからね。

山本先生　はい。主体性を育むのも自転車の練習と同じです。「あれをしなさい」「これをしなさい」と指示を出し、支え続けていれば転ぶことはないかもしれません。でも、主体性は育まれません。指示という支えがなくなったら、途端に動けなくなってしまうでしょう。子どもたちに、最初から指示をうのみにせず、自分で考えて、判断して、動くことを促さなくてはいけないのです。

お母さん　自分で考えて、判断して、動くって、結構大変なことですよね。

山本先生　何も考えずに指示に従っている方が、断然、楽だと思います。でも、その楽さに慣れ切った状態で社会に出て、急に「自分で考えて行動しろ」「主体的に動け」と言われても、そんなにすぐには変われないでしょう。

お母さん　そうですね。大人になってから考え方などを変えるのは大変ですよね。子どもの方が柔軟です。

山本先生　子どものうちから、「どうしたい？」と自分で考えることを促し、自分で判断し、動くことを繰り返すことが大切です。もちろん、間違った判断や行動をしてしまうことも多いと思います。でも、失敗した時に、原因を考え、周囲にアドバイスを求める、助けを求めるということを覚えることも重要です。それに、「子どもの失敗」は、大人がカバーできる範囲であることがほとんどです。取り返しのつかないほどの失敗にならないよう、親や教師がそっとサポートすることもできます。

お母さん　安心して失敗できるのは、子どものうちですね。

山本先生　親が子どもと一緒に過ごせる時間は、考えているよりずっと短いものです。その短い時間、「●●しなさい」と言い続けるか、子どもの自己決定を見守って応援するか。どちらがいいと思いますか？

お母さん　自転車の例を思うと、後者でしょうね。

山本先生　学校でも家庭でも、子どもができないことについつい目がいってしまいますよね。そして、良かれと思って、「●●しなさい」と言ってしまう。でも、誰も最初はうまくできないのが当たり前なんです。一回きりの人生の初心者マーク時代なんですから、うまくいかないことも、「いい経験になったね。どんな失敗をしても家族は味方だからね」と温かく見守る環境を整えながら手を離していきましょう。

　自分の考えを持っている子ども、考えて行動できる子どもを認め、そのプロセスを評価していくことが、大人には求められると思います。

COLUMN

育成が必要な3つの力

ＰＩＳＡ調査というものをご存じでしょうか。ＯＥＣＤ（経済協力開発機構）が４年に１度、15歳児を対象に「読解力」「数学的リテラシー」「科学的リテラシー」の３領域について行っている学習到達度調査のことです。最新の「ＰＩＳＡ２０２２」調査結果が２０２３年末に公表され、日本は「読解力」２位（前回「ＰＩＳＡ２０１８」11位）、「数学的リテラシー」１位（同１位）、「科学的リテラシー」１位（同２位）という結果となりました。この結果についてはさまざまな見方ができるので、ここだけを切り取って教育全体を語ることは危険です。

では、どのような教育を目指すべきなのでしょうか。ＰＩＳＡ調査の実施主体であるＯＥＣＤは、２０１８年に、２０３０年の教育の在り方をまとめた「エデュケーション２０３０」を公表しています。ここでは次の３つの力の育成が必要とされています。

①新たな価値を創造する力
②対立やジレンマを克服する力
③責任ある行動をとる力

本編において、これからの社会を生きていく子どもたちには、自分で考え、判断して、動くことができる「主体性」が必要だとお話ししました。主体性を育て、上記の３つの力を育成していくための「読解力」「数学的リテラシー」「科学的リテラシー」であるという流れを理解することが大切です。

最近は、育てたい力を明確に示している学校が多くなりました。僕の勤務する横浜創英中学・高等学校の育てたい力は「自律」「対話」「創造」です。（https://www.soei.ed.jp/competency/）各学校の育てたい力は、教育目標、コンピテンシー、スキルなどといった言葉で紹介されていると思うので、これからの社会で必要な力を意識して、それぞれの学校の目指すところを見ると学校選びの参考になると思います。

テストの結果に一喜一憂するのではなく、これからの教育が目指す目的を見失わず、日々子どもたちの力をペーパーテストも含め、多様な観点から見ていくことが重要なのです。

CHAPTER 2

学びの主人公は子どもたち「教えない授業」のススメ

子どもたちに必要な力が変わってきていることを理解したお母さん。とはいえ、息子の学校で取り入れられている「教えない授業」というものには、イマイチ納得できていません。本人に授業の様子を聞いても、何だか要領を得ない、微妙な反応が返ってきて、ますます心配になります。

梅雨

息子・習は小学校から中学校への大きな環境変化を無事に乗り越え、毎日忙しそうにしている。学校生活が順調なのは、いいことだ。でも、息子の学校で導入されている「教えない授業」は、地元の公立中学校の授業とどう違うのか、育（お母さん）はいまだ具体的に想像できていない。一体どんな授業を受けているんだろう。息子は授業についていけているのか、心配は募る。

学校から帰ってきた息子は、機嫌よく夕食を食べている。相変わらず、家で勉強をしている気配はない。

「勉強どうなの？　**『教えない授業』ってどんな感じ**なの？」

箸を止めてこちらを見る息子は、何だか気まずそうに見える。中学に入ってから家であまり勉強していないのを、とがめられていると感じたのだろうか。学校見学でチラッと見ただけだから、「教えない授業」がどんなものなのかよく分からないのだと言うと、何だか微妙な表情をする。

「例えば、最初の英語の授業の時は、先生は教室に入ってきたら、英文の書いてあるスライドを映しただけで、座っちゃって、何にも言わなかったんだよね」

「授業しないの？」

「うん。みんなザワザワしちゃってさ。そのうち誰かがスライドの英文をググって、『6人グループになって座れ』って書いてあるのが分かったから、6人グループつくったら、『授業を始めるのは僕じゃなくて、君たちだよ。覚えておいて』って。で、その日の授業の目標を書き出して、自分で学んでみようってさ。まぁ毎回、そんな感じ」

「先生がまず教科書を解説してくれるんじゃないの?!」

「解説を聞きたい人は前の方においてって感じで、分かるところは、僕は友達と一緒に勉強することが多いかな」


もっと詳細を聞こうと身を乗り出したところで、そそくさと食事を終えた息子は面倒くさそうな顔をして、リビングを出て行ってしまった。結局「教えない授業」については、よく分からないまま。息子の浮かべた微妙な表情は何だったのか。このままにしておいていいものか……もやもやしながら片付けをしているところに、学（お父さん）が帰ってきた。

「ねぇ、さっき習に『教えない授業』の様子を聞いてみたんだけど……」

「教えない授業」は、全部ではなくいくつかの教科で実施されていること、先生がクラス全員に対して一斉に授業を行うことはないこと、寝ている生徒もいること……息子から聞き出せたことを伝え、「教えない授業」がどんなものか、学がちゃんと理解しているのか、聞いてみる。

「先生がクラス全員に対して一方的に講義するだけの授業じゃないってことは、学校案内に書いてあっただろう。先生は生徒自身の学びのサポートをするってさ」

「そういうことは、分かってるって！　実際の授業の流れ？　を習に聞いてみたんだけど、要領を得ないの。先生が教科書を解説しても、分かる人は聞かなくていいとか、友達と教え合うとか……私にはまったくイメージできない」

「そうだなぁ……先生が授業の目的と課題を示して、それに向けて生徒が教科書とかタブレットとかを使って調べていく感じを想像しているけど……」

学び方を生徒自身に決めさせることが主体的に学ぶことになり、自律を促すことになる……学校説明会でもそう説明があったし、学校案内にも書いてあった。でも、想像がつかない。先生が教科書内容を授業しないで、生徒は何をどう学ぶというのか。

「授業中、寝てる子がいても先生はとがめないって言うの。サボっていても怒られないのよ。放任されているみたいじゃない？ 生徒が学び方を自由に選ぶことで主体的な学びになるっていうけど、そうすると**勉強する範囲が偏ったりしない**のかしら。**基礎学力はちゃんと保証される**のよね？ **テストとか、どうなっている**と思う？」

「教えない授業」について話す息子が微妙な表情をしていたことも心配だ。**授業についていけていないんじゃないか**と感じたことを伝えても、学は「そうだなぁ」「う〜ん」とうなり続けている。どうやら私と同じ程度にしか「教えない授業」を理解していないらしい。

「今度、担任の先生と面談があるだろう。『教えない授業』について聞いてみたら？ 学習の様子も、その時に聞いてみたらいいじゃないか」

息子の学校は私立なのだ。学校の教育方針を理解した上で受験させているはずなのに、「『教えない授業』って具体的にどんなものですか？」なんて聞いたら、先生に「理解のない親」って思われないだろうか……。でも、このまま放っておいて息子の勉強が遅れたりしたら困るし、不安でモヤモヤする。

「面談の前に、また、山本さんに聞いてみることにする……」

Q

「教えない授業」って、何だか放任されているみたいで、親としては不安です。どんな授業なのですか？

A

「教えない授業」は主体性を育む授業です。教師から一方的に知識を教えられるのではなく、子ども自身が自分で考え、学び方を主体的に選択する中で、自ら学ぶ力を育てる授業です。

もっと教えて！

お母さん　息子に「教えない授業」の初日の様子を聞いたら、先生が講義をしなくて、生徒たちが自由に勉強していたって言うんです。うちの子はまだ主体性が育っていなくて、言われないとやらないから、指示がないと勉強しないと思うんです。

山本先生　お母さんとしては心配ですよね。でも、子どもって、もともとは主体的な存在です。幼稚園児くらいまでは、自分のペースで何にでも興味を持ちますよね。それが、周囲の大人に、「それはダメ」「●●しなさい」と言われたり禁止されたりすることで、徐々に主体性を失っていってしまうんです。

小学校に入ると、決められた時間割、決められたメニューの給食、放課後の活動、そして習い事や塾と、大人からやることを与えられ続けて1日を過ごす子どもが大半です。自由に過ごせる時間は夜だけです。その限られた自由時間でやりたいこと、できることと言えば、手軽にできるゲームや動画が多くなってしまうのではないでしょうか。息子さんは、「言われないとやらない」のではなく、これまでの人生の経験から主体性を奪われているだけです。だから、もう一度、主体性を取り戻す働き掛けが必要だと思いませんか？

お母さん 分かりますけど……。別の中学校では、英語だったら、中1で英検3級レベルの授業をしているって聞きます。授業の上手な先生が子どもたちの英語力をどんどん引き上げているって評判です。そういうのを聞くと不安になるんです。

山本先生 他の学校の様子や、他の子の話を聞くと、つい比較してしまいますよね。これまでの日本の教育では、子ども集団に同じことを、同じ方法で、同じペースで教えることが効果的かつ効率的だと考えていました。これを一斉教授型の授業と呼んでいます。でも、これだとその授業のレベルに合わない子は取り残されてしまいます。先ほどの英語の授業を例にすると、もし、息子さんが英語が苦手で、「英検3級レベルの授業」についていけなかったらどうですか？　取り残されてしまいますよね。だからといって、アルファベットから授業をされても簡単過ぎますよね。一斉教授型の授業では、「難し過ぎる」「簡単過ぎる」「説明が速過ぎる」といった問題が生まれていたんです。つまり、子どもたち一人ひとりの学力や学び方の個性に合わせることが不可能でした。これを変えていかないといけないんです。

「与えられ続けた子ども」は、何か問題が起きた時に、自分で解決しようとせず、人のせいにするようになります。例えば、「○○先生は教え方が下手だ」「板書が分かりにくい、もっと分かりやすくしてほしい」、その挙げ句に、「自分が勉強ができないのは学校や先生のせいだ」という極論まで出て来ます。

お母さん　確かにうちの子はまだ英検3級レベルではないけど、アルファベットから始める必要もないです。自分のレベルに合った勉強を自らしていってほしいですけど、どうしたらそれができるようになるのでしょうか？

山本先生　普段の生活や授業の中で、「自分で考えて、自分で決める」を繰り返させるしかありません。僕は「自分で考えて、自分で決める」ことができる子どもを「自律型学習者」と呼んでいるんですが、自律型学習者になるには次の3つが大切です。

①目標を自分で決めること（目標設定）
②自分の今の力を知ること（メタ認知）
③学習の方法を自分で決めること（学習方略）

例えば、①授業で、どんな自分になりたいかを決めます。「二次方程式の基本問題を解けるようになりたい」といった学習内容でもいいですし、「50分間集中して学び続けたい」といった学習態度でもいいです。その目標に向け、今の自分の状態を俯瞰するのが②のメタ認知です。そして、「できない」ことを「できる」ように変えていくために、③学び方を自分で選ぶという流れが大切です。この流れを繰り返し経験していくことで、主体性を取り戻し、自律型学習者になることができます。

お母さん うちの子は学び方を知らないと思います。どうやって知るのでしょう？

山本先生 そこは教師の役割です。「教えない授業」の実践校では、さまざまな学びの手法を子どもたちに提供して、経験させます。今は、AIを使った学習アプリがかなり発達しています。教科書内容の解説動画もYouTubeで無料で見ることができます。こういったものを活用するのもいいでしょう。

こうした学びの手法を活用すれば、目標に向かって、手段を選び、自分のペースで学ぶ経験を繰り返すことができます。苦手なことは、前の学年に戻ったり、何度も繰り返したりできますし、得意なことは学年にかかわらずどんどん前に進めばいい。英検や入試などの目標があれば、その内容に集中することもできます。一斉教授型の授業よりずっと効率的だと思いませんか？

息子さんは自律型学習者になる入り口に立っているんです。与えられ続けてきた子が、「自分で考えて、自分で決める」を実行するのは難しいものです。ゆっくり、温かく見守りませんか？

Q

教えないのなら、「教えない授業」での先生の役割は何ですか？

A

生徒一人ひとりの個性や特性を見極め、それぞれの学びが深まるようにサポートしていく、コーチングです。

もっと教えて！

お母さん　子どもたちに学びの手法を提供するのが、「教えない授業」での先生の役割ということでしたよね。先生の仕事って「教えること」だと思っていましたけど、これからはそうじゃなくなるってことですか？

山本先生　「教えない授業」って言われると、そう思っちゃいますよね。でも、教師が「教えること」を放棄するのが「教えない授業」ではないんです。生徒から「教えて」と求められたとき、いきなり答えを教えることはありませんが、調べ方は教えます。それに、「●●の××はなぜこうなっているのか、先生の説明を聞きたい」

など具体的なアプローチを受けたら、「自分で調べなさい」と突き放すようなことはしません。クラス全体に対して、「こういう質問がありました。僕の説明を聞きたい人は教室の前の方に集まってください。聞かなくても大丈夫な人は、自分で進めても、友達と教え合って進めてもいいよ」と呼び掛けて、集まった生徒に対して説明を行います。

お母さん 教室の中に、いろいろな学び方をする子が存在する感じですか？ 先生の解説を必要としない子は、自分のペースで勉強を進めていく……。

山本先生 まさにそうです。でも、教師の説明を必要としない子を放置するわけでもないですよ。学びの方向がずれてしまったり、学び残しが発生したりしないように、一人ひとりの学びの状況を観察しています。生徒の学びを見守りながら、「よくそこに気付いたね」「自分をコントロールして●●していたね」など、生徒の学びの過程に注目し、実際の行動を言葉にして励まします。生徒たちの学びのありのままの姿から、それぞれがポジティブな選択ができるようにサポートしていくのが、「教えない授業」における教師の重要な仕事になります。

お母さん 自分が学生時代に受けていた授業とは違い過ぎて、正直、どんなふうに授業が進んでいくのか想像がつかないです。

山本先生 そうですよね。「教えない授業」にもいろいろな手法がありますが、一例として、僕自身が行った授業の冒頭をご紹介しましょうか。中1の最初の英語の授業で、息子さんが受けた授業とほぼ同じです。

授業開始のチャイムが鳴って、僕が教室に入ります。英文を記したスライドを1枚、ホワイトボードに映して、あとは何の指示も出さずに黙って生徒を見守ります。生徒たちはどうすればいいのか分からなくて困った顔をしますが、ニコニコ笑って見ています。授業が始まらないからと、スマホでゲームを始めたりする子も出て来て、教室はざわついてきます。それでも黙って見ていると、スライドの英文をスマホで写真に撮って、ネットで翻訳をする子が出て来るんです。今の子どもたちはデジタルネイティブ世代ですから、誰に教わらなくてもネットで翻訳くらいはできてしまうんですよ。

英文を訳すと「次のようなグループをつくってください。1グループは5人から6人のメンバーです。男女を混ぜてください。そして、円になって座ってください」と、3つの指示が示されていることが分かります。すると、翻訳した内容を生徒同士で教え合って、動きだします。円になって座れるまでに、15分ほどかかります。

お母さん 15分間、教室はザワザワしっ放しですか?

山本先生 はい。でも、無駄な時間ではないんです。指示待ちの受け身姿勢ではいけないんだと気付く瞬間、主体的に動きだす瞬間がこの15分の中にあるんです。2回目の授業からは、最初から全員スライドに注目するようになり、スムーズに授業を始めることができます。こういう働き掛けを続けていくことで、生徒たちは「自分で考えて、自分で決める」ことを覚えていくんです。

お母さん じゃあ、高校生くらいになると、学び方は発展していきますか？

山本先生 僕の勤務校では、高校の方でも日本史の先生などが「教えない授業」に挑戦しています。同じ単元の授業でも、喋ってはいけない部屋、友達と協力して学ぶ部屋、発展的に次の学年の内容を学ぶ部屋などを設定。先生は各教室を回りながら生徒の学びを俯瞰して、学びを発展的に引き上げる言葉掛けをしていましたね。

お母さん そんな学び方をしていたら、生徒たちは何でも自分たちでできるようになりそうですね。

山本先生 「教えない授業」に取り組むような、生徒の主体性を大切にしている学校では、授業以外の活動、例えば体育祭や文化祭、修学旅行などの学校行事、掃除当番の決め方なんかも、すべて当事者である生徒たちが考えて進めていっていると思います。「自分で考えて、自分で決める」ことが身に付いた生徒たちは、困ったことがあっても「どうすればいいですか」と教師に全面的に頼ってくるのではなく、「こうしたいのですが、参考にできる情報はどこで見つけられますか」「○○について詳しい先生を紹介していただけますか」など、建設的なアプローチをしてくるようになります。

生徒が、教師を「自分の学びの手段の一つ」と捉えて、活用できるようになるのが理想ですね。

Q

「教えない授業」にうちの子はついていけるでしょうか？
サボる子はいないのでしょうか？

A

初めのうちは、戸惑う子やサボる子も、当然います。しかし、人間は本来、主体的な生き物です。「自分はどうしたいか」に向き合う中で、次第に主体的に学び始めます。

もっと教えて！

お母さん　息子は学校生活には慣れてきたようですが、「教えない授業」に戸惑っている様子が見られます。学び方を自分で選ぶことに不安もあるようです。「教えない授業」でうちの子は大丈夫でしょうか？

山本先生　息子さんが通っていた小学校とはまったく違う授業の形になりますから、本人もお母さんも不安ですよね。学び方を自分で選ぶことへのプレッシャーはあると思います。大人だって常に自己決定を迫られていては疲れますからね。でも、一度自由な学びの選択権を手に入れたら、型にはめられた学びは窮屈に感じるようになると思いますよ。「自分のことなのに、人に決められたくない」って。

お父さん 学びの選択に疲れて、投げやりになったり、授業に参加しなくなったりする子はいませんか？

山本先生 学びを選択する経験を重ねると、むしろ子どもたちは自分で選択することを楽しむようになります。ただ、入学間もない頃、「教えない授業」になじめず、戸惑っている生徒はたくさん見てきました。それは当然の反応です。中には学ばないことを選択してサボる生徒もいました。

お父さん そういう授業に参加しない生徒に対して、どんな指導をするのですか？

山本先生 僕の場合、「勉強しない選択をしてもいい。その権利が君にはある」と認めます。さらに、「勉強しない権利はあるけれど、誰かの学びを邪魔することは許さないよ」ということを強調します。そして徐々に「でもね、1年後も同じ選択をして、ずっとサボり続けるの？」と未来を意識させる言葉を加えていきます。ネガティブな選択は認めても、それを推奨しているわけではないことを伝えるのは大事です。

お母さん とはいえ、学ばないことを選択した期間、成績はガタ落ちでしょう？

山本先生 授業を拒否し、家庭学習もしなければ、そうなるでしょうね。成績が低下したら、「勉強をしなければ成績は当然下がるよね。勉強しないことを君が選択したのだから、君以外の誰の責任でもないよ」ということを生徒に伝えます。その上で、今後どうしたいかを対話していきますが、僕の方から何かを指示したり提案したりはしません。「君のやりたいことを実行するために、先生にできることは何かある？」「君はどんな学びをしたい？」と問い掛けるだけです。

お母さん　その子自身が、「こうしたい」と言ってくるのを待つということですか？

山本先生　そうです。でも、放置するわけではありませんよ。生徒の様子を注意深く見守るのは当然のことです。授業から離れてしまった生徒は、実は周囲の目を気にして不安になっているものです。ですから、どんな選択をしても見守り、応援していく対話は怠りません。学校や教師に対する信頼が育ち、安心していられる場所だと思えるようになると、時間はかかっても、学びの場に戻ってきます。

お父さん　教室内で騒ぐ子が増えて、学びが滞るような事態にはならないですか？

山本先生　「教えない授業」に取り組みだした直後は、3割くらいの生徒が友達同士集まっておしゃべりしたりスマホでゲームをしたりして遊びだします。教室はカオスですね。ただ、そうした状態が続くのは、大体初めの2・3カ月です。僕は、管理された学びから自律した学びへ移行するためのリハビリ期間と捉えています。1学期半ばには、勝手な行動をする生徒は数人程度に減り、その数人も大抵2学期には落ち着きます。

　人間には、主体的に成長していく能力が備わっていると思っています。リハビリ期間を通して本来の主体性を取り戻した生徒たちは、指示がなくても自発的に学び出します。

お父さん 大変だけど、最初が肝心ということですね。

山本先生 リハビリ期間のカオスに教師が我慢できず、求められてもいないアドバイスや指示を出したり、スマホを一方的に取り上げたりすると、管理する側とされる側という対立関係が生まれ、自律した学びへの転換を妨げることになります。「教えない授業」の導入がうまくいかない学校の話を聞いていると、リハビリ期間でそうした失敗をしている様子がうかがわれます。

お母さん 教室が騒がしい時があると聞きましたが、そういうことですか？

山本先生 そんな言葉を聞くと心配になりますよね。リハビリ期間の騒がしさもありますが、「教えない授業」が軌道に乗って、グループワークなどが活気づいてくることでも騒がしくなることもあるんですよ。「静かな学習環境を保つのは先生の仕事でしょう」と思われるかもしれません。もちろん、誰かの学びを邪魔する行為は注意しますよ。ただ、僕は教室の環境をつくっていくのは当事者である生徒たち自身だと考えています。騒がしくても平気な子もいれば、気になって集中できないという子もいます。お互いの個性の違いを感じ取り、学ぶ権利を尊重し合い、クラス全員が学びやすい環境、楽しい授業ができるように生徒自身が行動を変容させていくことが重要です。

Q

「教えない授業」では、どんなテストをするのでしょうか？
何か特別な実施方法などがあるのでしょうか？

A

定期考査は基本的に一般的な学校と同じです。ただ、さまざまなレベルが混在したテストを作成し、生徒が自分に合ったレベルの問題に挑戦できるように工夫した「個別選択型テスト」というものもあります。

もっと教えて！

お母さん　息子の学校で中間テストが行われたのですが、娘の学校と同じような、普通のテストでした。「教えない授業」を取り入れているので、何か特殊なテストがあるのかと思っていたので意外です。

山本先生　なるほど、世の中では「テスト＝悪」と考えている方も少なくありません。ですから、何か特別なテストを行っていると思われても当然だと思います。「教えない授業」を取り入れているからといって、定期テストに特殊な形式を取り入れているという話は、今はまだあまり聞きませんね。ただ、定期テストの実施の有無は、学校の判断によるものですから、テストを目的にしない学びを大切にするために定期テストを廃止した学校はありますよ。

お母さん それは、公立学校でも、でしょうか？

山本先生 そうです。テストが近づくと、生徒は慌てて教科書を読んでテストに出そうな部分を頭に詰め込もうとしますよね。いわゆる一夜漬けです。そうやって覚えたことって、テストが終わるとあっという間に忘れてしまいませんか？　そういう学び、テストにどれほどの意味があるのか、ということで廃止しているのだと思います。

お父さん そうですね。テストを乗り切るだけの暗記では、知識が定着しているかどうかは分かりませんからね。

山本先生 個人的には、定期考査よりも、一つの単元が終了した時点で、生徒一人ひとりが自分の理解度を確認できる「個別選択型テスト」を実施する方が効果的だと考えます。このテスト方式は少し変わっていて、満点が100点以上になるようにさまざまなレベルの問題を混ぜて作ります。

通常のテストでは全員に対して同じ問題が出題されますよね。そうなると、生徒の学習レベルには差がありますから点差が生じます。しかし、あまりにも得点差が大きくなってしまうようなテストでは、生徒のモチベーションを下げてしまいかねません。個別選択型テストは、レベルの異なる問題で構成するんです。例えば半分は基礎的な問題、3割を基礎的な応用問題、2割をチャレンジ問題といった構成です。基礎的な問題だけでも100点になるように設定して、生徒が自分で自分のレベルに合った問題を選んで解答するのです。

お父さん　テストを通して、自分のレベルを探り、理解度を知ることになるんですね。

山本先生　このテストを実施すると、多くの生徒が自分のレベルより上の問題に挑戦します。全問挑戦するような生徒も出て来ます。「やらされる」テストではなく、自ら「挑戦する」テストになっているのでしょうね。主体性を育むことにもつながります。

テストの後、選択しなかった問題や間違えた問題を見直せば、改めて自分の実力を知る機会にもなります。

お母さん　そうしたテストで点数を気にし過ぎるのは良くないと思うんですが、やっぱり気になります。

山本先生　点数はどうしても気になってしまうものですよね。点数を気にし過ぎないようにするために、このテストでは、きちんと復習していれば解ける基礎的な問題で100点が取れるようにしているのです。その上で、プラスαの問題として、レベルの高い問題をいくつか出しています。

お父さん　生徒が自分で満点を設定するんですね。

山本先生　どこまで挑戦するかは生徒次第です。人によって満点が違うのですから、平均点を計算しても意味がありません。こうしたテストを行っていると、生徒たちは、テストとは、誰かと点数を競うものではなく、自分の今の力を知るもの、これから力を伸ばすためのもの、というふうに捉えるようになります。その中で「できない」を「できる」に変えていく学びが生まれてきます。

お母さん 周囲と点数を比較して一喜一憂するものではなくなるんですね。テスト前だけしか勉強しない、ということがなくなりそうです。

山本先生 授業における自律的な学びと自分に必要な学びを考えて行う家庭学習の循環がうまくいっている生徒は、テスト前に特別な勉強をする必要がありません。普段やっていることを継続しながら、苦手な部分や理解に不安が残っている部分を集中的におさらいしてテストに臨めばいいのです。

個別選択型テストや満点を100点にしないテストは、どんな学校でもできるテスト形式です。いろいろな学校で取り入れてもらえたらいいなと思っています。

Q 興味のあることしか学ばなくなりませんか？基礎学力は本当に身に付きますか？

A **目標のために何を学ぶ必要があるのか。それが分かった子どもは自発的に学んでいきます。さまざまな学びの基本となる基礎学力は、その過程で自然に身に付きます。**

もっと教えて！

お父さん　子どもが自分で目標を立てて、それに向かって学ぶとなると、その子の興味の方向に学びが偏ってしまいそうです。好奇心旺盛な子どもの場合、興味関心のあることが多過ぎて、何から何を学んでいいのか分からないということも起こりそうです。

お母さん　大学入試、大学入学共通テストを考えたら、例えば理系学部に進むからって国語や歴史の勉強をおろそかにしてたら、大変なことになりそう……。バランスよく勉強してほしいです。

山本先生 興味関心の方向性によって学びが散漫なものにならないよう、目指す目標地点を、教科ごとにしっかり定める必要があるでしょうね。でも、お父さんお母さんが「国語の勉強がおろそかになっているから、国語を勉強しなさい。バランスよく勉強しなさい」などと押し付けるのはよくありません。主体的な学びではなく、「やらされる勉強」になってしまいます。

お母さん バランスの悪い勉強になっているのに気付いていても、干渉しない、放っておくってことですか?

山本先生 なりたい自分(目標)に向かって、各教科のバランスを見るという考え方は伝えてもいいと思います。その上で、お子さんの方から「〇〇の勉強が遅れてるから、こうしようと思うけど、どうかな?」などと相談があったら、親としての意見を、「自分はこんなふうに学んだよ」と伝えるくらいがちょうどいいのではないでしょうか。あとは、必要な教材の購入費を援助してあげるとかですね。

お父さん 子ども自身が気付くことを重視する、ということですか?

山本先生 自分で目標を立てて、そのために何を学ぶかを自分で決められる「自律型学習者」になった子どもであれば、未来を意識するようになります。小テストや定期考査から、もう少し先の進路を決めていく入試などに意識が向けば、必要な学びを意識するようになるんです。目標達成のために自発的に学びに向き合っていると、その時々において必要な学びに気付くはずです。気付いている友達の影響も大きいです。たとえ苦手教科であったとしても、目標達成に向けて今の自分の力を理解し、学び方が分かれば学び始めます。

それに、学校には各学年、教科ごとに指導すべきこと、学ぶべきことが定められた教育課程というものがあります。基礎学力は、どのような領域を学んでいくにしても必要とされる基本的な知識技能のことですから、教育課程にしっかり組み込まれています。

お母さん その学年として必要な基礎学力を学ぶことは保証されているんですね。

山本先生 はい。学校は教育課程を無視した教育活動を行うことはできません。当然、「教えない授業」に取り組むような、生徒の主体性を大切にする学校でも、教育課程を踏まえた教育活動を行っています。教育活動の手法として、教師が一方的に教えるのではなく、生徒が主体的に学ぶ形を取っているというだけです。

教育課程にある学年に応じた教科の学びが取りこぼされることがないよう、学びに関する情報をWeb上に整え、生徒がいつでもアクセスできるようにするなど、学びの環境を整えるのは教師の役目です。決して放任ではありません。

お父さん 安心しました。その年齢に求められる学びも含めて、それぞれの目標に向けて必要な学びを自分で選ぶとなれば、モチベーションが上がりそうです。子どもたちにはぜひ自律型学習者になってほしいものです。

お母さん 息子は、自律型学習者を育むような環境にあると思います。でも、娘の学校の場合、先生から「教えてもらう授業」が基本です。何をどう学ぶかを自分で決める機会は、あまりなさそうです。

山本先生 それなら、家庭の中に、自分で考えて決める場面を増やしてあげてはどうでしょう? 学校以外の日常生活の中に、「子どもの選択権」を認めてあげることは大切です。

お母さん 家庭内のルールなどでしょうか? 勉強に関することだけでなく、日常生活のあれこれを、自分で考えて決めて実行させるということですか?

山本先生 そうです。親の決めたルールに子どもが従ってくれると楽ですが、子どもの成長を考えるなら、自分で考え、判断し、行動することを促すことも重要です。「学力はあるけれど、自分で何も決められない子」と「学力はちょっと心配だけど、自分で決めて行動できる子」。後者を育てることを意識しましょう。

お父さん 子どもの人生を考えると、そうなりますね。

山本先生 自分で決めて行動する力がある、つまり主体性があると、人生は豊かなものになると僕は思っています。

それに、「好きこそものの上手なれ」という言葉がありますよね。興味のあることを調べ学んでいくうちに、もっと好きになっていく。得意分野になっていくんです。自分なりの学び方も身に付くでしょう。それは、生涯を通じて自分を支える大切なスキルになります。

Q

基礎知識を身に付けるには、
一斉教授型の方が効率的じゃないですか？
一斉教授型の授業は絶対ダメなの？

A

一斉教授型の授業が必ずしもダメなわけではありません。
教師が「一方的に」教えるだけの授業では問題があるということです。

もっと教えて！

お母さん　「自分で考えて、自分で決める」学びの方が、「やらされている感」がなくて、子どものやる気は出てきそうです。でも、基礎的な知識の習得は、やっぱり一斉教授型の授業の方が効率的だったりしませんか？

山本先生　教える側の効率であれば、そうかもしれません。そもそも、一斉教授型の授業は、産業革命期に、社会の担い手になる多くの人々に、効率よく知識を広めるために編み出された教え方ですから。ただ、前にもお話ししたように、教師が一方的に教科書内容を教える授業だと、レベルに合わない生徒が出てしまいますよね。

理解が進んでいる子や理解が遅れている子には、自分に合ったレベルの学習ができる環境を用意した上で、求めてくる生徒たちに対して一斉教授型の授業を行うことは「教えない授業」でもよく見られる光景です。

お母さん クラス全員に対して一斉教授型の授業をした後、子どものレベルに合った課題などに取り組む授業は、娘の学校でもよくあると聞いていますけど。

山本先生 そうですね。多くの学校でよく取り入れられている授業の形だと思います。一人ひとりの学習スピードに対応するための取り組みだと思います。でも、理解が進んでいる子・遅れている子にとっては、一斉教授型の授業のその時間が、退屈だったり、苦痛になってしまうと思いませんか？ その子たちにとって、一斉教授型の授業は非効率的ですよね。

お母さん うちの息子はこれまでは常に平均レベルだったので考えていなかったですが、娘は割と勉強が得意な方なので、確かに、そうかもしれないです。

山本先生 それに、学びの姿勢への影響も大きいように思います。一斉教授型の授業では、分からないことがあっても、周囲への迷惑を考えて「分かりません！」と言えない子が結構います。授業内容に付随する内容に興味関心を持っても、脱線して調べる時間がなかったり、そもそも興味関心を表明する場がなかったりすることも少なくなさそうです。

そうした不自由な学びの環境では、「やらされている感」が拭えません。本来、学びは自分の意思でするものですよね。それが、やらされているだけの学びになって、テストで良い点を取ることや良い成績を残すことだけが目標になったら、学びは苦しくなるばかりです。テストがない社会に出たら、途端に目標を失ってしまいかねません。

お母さん　言われないと勉強しないうちの息子は、まさにそういう状態なんでしょうね。

山本先生　子どもの成長は想像以上です。息子さんの場合、「教えない授業」に取り組むような、生徒の主体性を大切にしている学校に入学したことですし、きっとこれから変わっていきますよ。

　前にも話しましたが、社会の変化に合わせて、学校教育は変わりつつあります。子ども一人ひとりに合わせた学びや興味関心を広げられるような学びを実現するために、さまざまな活動が授業に取り入れられるようになってきています。それは息子さんの学校に限らず、娘さんの通っているような、いわゆる進学校にも言えることですよね。

お母さん　さっきの「一斉教授型の授業の後に、レベルに合った課題を出す」というものとかですか？

山本先生　そうです。それも、一人ひとりに合わせた学びの実現に向けた活動の一つです。他によく見られる活動としては、ペアワークやグループワークなどが挙げられます。こうした活動を取り入れると、一斉教授型の授業より、生徒一人ひとりが考え、発言する機会が格段に増えます。授業に向き合う姿勢が主体的になりますよね。

一斉教授型の授業が必ずしもダメというわけではありません。僕ら大人も、学びたいものが生まれた時、専門家の講義を聞きに行くこともありますよね。つまり、なりたい自分に向けて、自分で一斉教授型の授業を手段として選択しているという流れが大切です。

また、教師の力量と生徒の学習状況によっては、受けている間に前のめりになっていく一斉教授型の授業というものも、成立するでしょう。でも、生徒に聞くと、聞いているだけの一斉教授型の授業は先生のスキルがかなり高くないとつまらないという意見がやっぱり多いです。すべての教師にこのスキルを求めるのも難しいでしょう。「やらされている」学びではなく、「やりたい」と思える学びができるよう、学校や教師も変わっていかなくてはいけないんです。

COLUMN

宿題＝残業？

宿題を期日に提出できないようでは、仕事で期日を守れない大人になってしまう。だから宿題の提出は厳しく指導している……そんな先生の主張を耳にしたことがあります。

約束した期日を守ることは、大人社会はもちろん、子どもの社会においても重要なことです。その点についてしっかり指導を行う、というのは大賛成です。でも、それを全員に一律に課す「宿題」を通して指導するとなると、僕はちょっとふに落ちないものを感じてしまいます。

子どもたちの授業の理解度はさまざまです。授業の後、もう少し練習問題を解きたいと思う子もいれば、十分理解できたから別のことに時間を使いたいと思う子もいます。本編でも触れますが、全員に対して「明日までに練習問題の1番～10番を解いて提出しなさい」というような宿題は、授業時間内に十分な理解に至った子にとっては、学びというより期日に提出するためだけの退屈な作業になってしまいます。

授業での学びは、授業の中で完結させる（宿題などは設定しない）。その上で、学びが足りないと思う子どもが、自分の意思で復習などに取り組めるようにすべきではないでしょうか。

会社には勤務時間が定められています。本来、勤務時間内に終えるべき業務が終わらなかった場合、「残業」になります。遅くまで会社に残って対応したり、自宅に持ち帰って作業したり。ちょっと宿題に似ていると思いませんか。担当業務が終わらないなら残業は仕方ないと思われるかもしれませんが、そもそもの業務量が適切かどうかを疑う視点を持っているでしょうか。そう考えると家で勉強する習慣って不要かもしれません。家で好きなことをするために、学校でいかに学びを完結させるかの対話の方が、未来につながりそうです。

授業は授業時間内に完結するもの。自宅での学びは、自分の意思で自分のためにするもの。そうした意識が身に付いた子どもたちなら、社会に出た後、勤務時間や適切な業務量について考えられるのではないでしょうか。働き方改革がグッと進みそうです。

COLUMN

子どもたちが学び方を選べる学校

日本の学校教育は明治維新以降１５０年間一斉指導を中心として教師主導の授業スタイルを続けてきました。簡単に言い換えれば、カリキュラムと指導方法（何をどう教えるか）を研究してきたと言うことができます。この中で生まれたのが一斉教授型の授業です。一斉教授型の授業は一見効率よく見えます。しかし、この方法だと生徒一人ひとりの学力や学び方の特性に合わせることができず、必ず取り残される子どもが生まれます。

授業についていけなくなったり、授業よりも高いレベルの学びに挑戦したりするために塾に行かなければならないことに違和感を感じませんか？

これからの教育は「何をどう学ぶか」を学習者自身が自己決定し、それぞれが最適な学習方法を選択していく仕組みに変えていく必要があるのです。これを実現するために僕が勤務する横浜創英中学・高等学校では、「学び方改革プロジェクトチーム」が発足し、授業の在り方を検討しています。

すでに実行している例では、中学校の英語では、中１〜中３が同じ時間帯に英語を学びます。学びの集団はクラスではなく、学び方で別れており、生徒が目的に応じて教室を選びます。「先生が教える部屋」では、年間計画に従って先生が講義をします。中１〜中３までの誰もがその教室で学ぶことができます。「生徒同士コミュニケーションをしながら学ぶ部屋」では生徒が教え合ったり、会話の練習をしたりしています。「個で学ぶ部屋」ではＡＩ教材などで黙々と学んでいます。他にも外部の企業と連携し、「英会話を学ぶ部屋」「英語でプログラミングを学ぶ部屋」など、毎回４つ〜６つくらいの教室から、学び方を選ぶ方法を採っています。

「学び方改革プロジェクトチーム」では、すべての教科で生徒が学び方を選べる仕組みをつくろうと、カリキュラムをつくっています。校長の本間朋弘は、「知識伝達のための授業はゼロにしてください」と言い切りました。

今やインターネットで多くのことが学べる時代。子どもたちが「学び方」を手に入れ、教師も含め、さまざまな手段を活用しながら学び続けるようになってほしい。そのために、学校に何ができるかを考えて、「学び方改革」を中心に学校改革を行っています。

CHAPTER 3

家庭の役割
学びを支える
コミュニケーション

子どもの自律を促すことの大切さ、「教えない授業」が目指すものを理解したお母さん。とはいえ、息子の中学最初の定期テストの結果はさんざんなもので、心配が募ります。当の本人は、ゲームに夢中で勉強する様子が見えません。お母さんのイライラは最高潮に。

共働き世帯で、親の目が届かない夏休み。娘も息子も小学校中学年までは学童保育に通っていたし、高学年になったら夏期講習に行かせていた。中学生にもなれば、一人で家にいさせることへの不安はない。不安はないが、生活態度は崩れていく。

仕事を終えた育（お母さん）が帰宅すると、息子がリビングのソファでだらだらとスマホをいじっている。スマホは自分の部屋に持ち込まないという約束を守っているらしいのは結構なことだが、一体いつからこの姿勢でスマホをいじっているのだろうか。

「夏休み中もスマホは1日3時間までって言ったよね。ちゃんと守ってる？　そろそろゲームやめなさい。宿題はやったの?!」

「守ってる。それにうちの学校は宿題ない」

そうだった。息子の学校には夏休みも宿題がない。おかげで宿題も夏期講習もない夏休みを目いっぱい満喫している。

息子の1学期の成績はさんざんだった。主体的な学びができるようになるには時間がかかること、本人が自分から学び始めるまで見守ることが重要だと山本さんから聞いていたし、本人もかなり落ち込んで「夏休み中に計画を立てて、復習する」と宣言したので、あまり成績の悪さを叱ることはしなかった。

しかし、宣言が守られたのは、夏休みも初めのうちだけ。喉元過ぎればなんとやら、取り組んでいた教科書や問題集は、今や机の上でホコリをかぶっている。やっぱり夏期講習に行かせるべきだった。

娘に手伝ってもらいながら手早く夕食を作って出す。

「ご飯できたよ、スマホやめなさい」

食事中はスマホを見ないのも家のルール。ようやくスマホを手放した息子がダイニングテーブルに着く。「いただきます」と言うなり、ものすごい勢いでご飯をかき込み、ものの数分で「ごちそうさま」とソファに戻ってしまった。お盆休みにしたいことはないのかとか、話したいことはたくさんあったのに。**話し掛ける隙もない**。以前は、夕食を作っている間などうるさいくらいにアレコレ話し掛けてきたのに、最近はこっちが**話し掛けてもそっけない一言が返ってくるばかり**だ。

日中の息子の様子がまったく分からないと娘にこぼすと、「私もずっと家にいたわけじゃないけど、見ている間はずっとスマホいじってたよ。確実に3時間は過ぎてる」と言う。姉として止めてよと言っても「無理無理！」と苦笑いするばかり。

うすうす気付いてはいたけれど、親の目がないのをいいことに**1日中、だらだらとスマホ三昧しているらしい。**自分で立てた計画はどうしたのか、**イライラが募ってくる**のが自分でも分かる。

「あ～充電しなきゃ、切れちゃう～」のんきな息子の声が、怒りのスイッチを押す。

「スマホやめなさい！　3時間過ぎているでしょう！　宿題がなくても予習や復習はあるでしょう！　1学期の成績を忘れたの?!　いい加減に勉強しなさい！」

自分でもびっくりするほどの大声が響く。ソファから飛び起きた息子が、スマホを充電器に差し込み、逃げるようにリビングを出て行く。入れ替わるように、学（お父さん）が「ただいまぁ」と帰って来た。

「どうした？　大声出すなんて珍しい」

「このところ、だらだらとソファに寝転んでスマホをいじっている姿しか見てないのよ。私が帰って来てから習がスマホを放したのって食事中の数分だけだし。律は絶対3時間以上スマホしてるって」

「親の目がないからなぁ……」

「自分で計画立てて勉強するって言うから夏期講習の申し込みをしなかったのに、結局、全然勉強もしてないし……もう、イライラしちゃって」

「でも、**『勉強しろ』って親に言われると、勉強する気が失せる**んだよねぇ」

「それも分かるんだけど、1学期のひどい成績見たでしょう？　夏休み中に挽回しないと、もっと大変なことにならない？　**やらなきゃいけないことはたくさんあるのに、スマホでゲームばっかり。**習はこのままでいいと思っているのかしら？」

「1学期も最後の方は、さすがに勉強し始めてなかったか？　まぁ成績にはつながらなかったけど。それに、本人もこのままじゃまずいと思ったから勉強計画を自分で立てたんだろう」

「まあね。あっという間に計画倒れしたけどね」


もう中学生だし、親が干渉し過ぎるのはよくない。それは分かっている。でも、**親から子どもに何か働き掛けることはできない**のだろうか。

リビングを出て行く際の、おびえたような息子の顔が思い浮かび、チクリと胸が痛む。あんなに怒鳴るつもりはなかった。学と話して落ち着いてくると、怒鳴りつけてしまった後悔が押し寄せてくる。

思春期だし、反抗期だし、きっとこれからイライラさせられることも増えてくるはず。親として**うまく感情をコントロールして対応**していかないと、ますますコミュニケーションが取れなくなりそうだ。重いため息が漏れた。

Q

だらだらした生活態度を見ているとイライラして、思わず怒鳴りつけてしまいます。どうしたら怒鳴らない親になれるでしょうか？

A

アンガーマネジメントを実践してみてはどうでしょう。怒りの感情をためておくコップがあふれてしまう前に、気持ちを切り替える手法です。

もっと教えて！

お母さん　口うるさい親にはなりたくなかったんですが、息子のだらだらとした生活態度にイライラが募ってしまって、つい……。

山本先生　こらえ切れずに怒鳴ってしまう気持ちは分かります。親だって人間なんですから、怒りが爆発してしまうこともありますよね。でも、怒鳴っても根本的な解決にはなりませんよね。怒鳴ったことを正当化してしまうと、子どもは反発してくると思います。冷静に自分を振り返ってどうして感情的になってしまったのか、考えることが大切です。

　そして気持ちが落ち着いたら、「さっきは感情的になってごめんね」と、怒鳴ってしまったことを子どもに謝る。その上で、怒鳴ってしまった理由、生活態度などの問題について冷静に話し合っていきましょう。大人だってイライラすることがある、間違った態度を取ってしまうこともある。間違ったことに気が付いたら、謝ってやり直すことが大切……そんなことを親が身をもって伝える機会にできるといいですね。

お母さん　それはそうですが、怒りを爆発させる前に、自分で自分を抑えることができるようになりたいです。

山本先生　思春期の子どもに対応するのは大変ですからね。保護者の方から似たような相談を受けることがよくあります。

お父さん　どんなアドバイスをされるんでしょう？

山本先生　アンガーマネジメントをお勧めしています。怒りの感情をコントロールする方法です。実は、中学校の授業でアンガーマネジメントを教える学校も増えているんですよ。僕はカウンセラーから教わりました。

お母さん　どんな方法なんですか？

山本先生　やり方はいくつかあるようですが、よく聞くのが「怒りを感じたら6秒間やり過ごす」です。怒りを感じたら怒りをあらわにする前に6秒待つんです。完全に怒りが収まるわけではありませんが、ちょっとは落ち着きます。6秒待つのも苦しいほどの怒りが湧いていたら、その場を離れてもいい。離れられない状況なら、目を閉じて深呼吸するのも効果があります。お水やお茶を一口飲むのもいい。とにかく、何か別のことをすることで、怒りの感情から意識をそらすんです。

お母さん　嫌なことから離れて、他のことに意識を移すということですか？

山本先生　そうです。とにかく怒りの原因から離れる、そうして冷静な自分を取り戻すんです。他にも、自分の中にある「～すべき」という価値観を捨てて許容範囲を広げる、といった方法もあるようです。ただ、怒りの感情が湧いてきてしまった時の対処としては、心理的・物理的に怒りの原因から距離を取ることが有効です。

お父さん　なるほど。イライラしたら目を閉じる、深呼吸する、といったことを習慣にしておくといいのでしょうね。それでも収まらないほどの怒りが湧いてきたら、外に出て物理的に距離を取る。

山本先生　いいと思います。ただ、親が何も言わずに出て行ってしまったら、子どもは不安になりますから、「冷静になりたいから、ちょっと出て来る」と伝えてから出て行ってほしいですけど。

同じ部屋の中にいる親のイライラは、大抵の場合子どもに伝わっています。そんな状態で一緒にいるのは、お互いに心地よくありませんよね。一旦、離れて外に出ると、かなり気分が落ち着くのではないでしょうか。出て行った親を見ることで、「何にそんなにイライラしていたのかな。僕がルールを守っていなかったからかな」

と、子どもが自分の行いを振り返るきっかけになるかもしれません。
　親が冷静になって外から戻ってくる頃には、子どもの態度もちょっと変わっているかもしれません。

お母さん　そうなってほしいです。怒鳴るのがダメなことは分かっていますが、子どもの態度が気になる時など、どんな言葉なら掛けてもいいですか？

山本先生　何も言わないことでお母さんのストレスになるのであれば、自分の思いを伝える時があってもいいと思います。
　ただ、「～しなさい」という命令形でなく、「私は～と思う」「私だったら～するけど、どう思う？」といった形で必ず主語を「私」にして話してください。これは「アイ・メッセージ」といって相手を非難することなく思いを伝える手法です。

お母さん　実は、食事の時間に対話をしようと思ってたんですが、息子はスマホをやりたいがために、対話する間もなく食事を終えてしまうんですよね。こんな時は、どんな言い方をすればいいでしょう？

山本先生　「ゆっくり食べなさい」「対話しなさい」と言ってもダメなのは分かりますよね。例えば、「私は食事の時はゆっくり話したいなって思っているのよね。急いで食べているのを見ると、私は嫌われていると思って悲しくなるな」という感じでしょうか。息子さんの行動が、お母さんにどういう影響を与えて、その結果どんな気持ちになっているかを言葉にしてみてください。

Q

やるべきことはたくさんあるはずなのに……どうしてそんなにゲームやＳＮＳばっかりなのでしょうか？

A

やるべきことを差し置いてでも没頭したいのです。ゲームやＳＮＳは依存性が高いという指摘もあります。ただ、それらが子どもにとって、一番くつろげる逃げ場になっていることも多いと思います。

もっと教えて！

お母さん　息子は暇さえあればスマホでゲームやＳＮＳをやっています。依存性が高いと言われると、ますます心配です。やめさせた方がいいでしょうか？

山本先生　心配なのは分かります。でも、それらをやめたからって勉強するわけではありません。僕らだって、ゲームやＳＮＳをやっていて、気が付いたら数時間……ってこと、ありますよね。ゲームやＳＮＳの面白さをまずは認めてみませんか。

お父さん　つまり、「ゲームばっかりしてちゃダメ」と叱るのは良くないということでしょうか？

山本先生　今の子どもたちには、友達同士が集まってのびのび遊べる場所があまりありません。オンラインゲームの仮想空間は、昔でいう空き地や広場になっているのではないかと思います。また、家庭が安心できる居場所になっていないケースでは、悩みがある時、ゲームやSNSが心のよりどころになることもあります。それを取り上げられたら、逃げ場がなくなって苦しくなるのではないでしょうか。

お母さん　確かにそうかもしれません。でも、不特定多数の人とつながることができるオンラインゲームやSNSには危険もあります。それにやっぱり、「ほどほど」ということも覚えさせないといけないと思います。

山本先生　もちろんです。犯罪に巻き込まれる危険性もありますし、ゲームやSNS依存の問題も見過ごせません。でも、大好きなものを頭ごなしに否定されたら、悔しいですよね？　子どもたちが夢中になっているゲームやSNSを、「面白いよね。癖になるよね」と、まずは認めてあげてください。その上で、刺激的で面白い半面、依存性が高いこと、依存状態になってしまうと大人でも抜け出すことが難しいということを、子どもにも分かるように説明するんです。同時に、ゲームやSNSに没頭したくなるほどの「問題」を抱えていないか、探ることも大切です。問題が解決されたら、ゲームやSNSへの依存がなくなったという実例もあります。

お母さん　家庭が安心する居場所になっているかは、改めて考えたいです。

山本先生　はい。そうした上で、ゲームやSNSとの付き合い方を対話していくのはどうでしょう？

お母さん　そうですね。使う時間はやっぱりほどほどにしてほしいです。1〜2時間くらいでしょうか。

山本先生　ルールも親が一方的に決めてしまうと、子どもは納得できません。納得していないルールは破られがちです。親子で話し合った上で、24時間という限られた時間をどう使うかをグラフや図で見える化するといいと思います。息子さん自身が、自分のしたいこと・するべきことに必要な時間に優先順位を付け、ゲームやSNSをする時間を設定するのが一番です。

お父さん　親に押し付けられたルールより、自分で決めたルールの方が納得できるというのは分かります。でも、ゲームやSNSは面白いものです。夢中になって守れなくなりそうな気がします。

山本先生　ルールを守るために、自分で自分をコントロールする方法があります。スキルとして親子で実践するといいと思います。

お母さん　ぜひ教えてください！

【スマホ　セルフコントロール方法】

①物理的に距離を取る

脳はもともと気が散りやすい仕組みになっているといわれています。また、最近の

SNSなどはAIなどを駆使し、人々が依存しやすいような仕組みをつくっています。スマホに依存してしまうのは、意志の問題ではなく、脳の仕組みがそうさせていると理解することが大切です。ですから、スマホ自体を遠ざけることは一つのスキルです。充電器を子ども部屋ではなくリビングなどに置いたり、箱にしまったりして、すぐに手に取れない状況をつくることが大切です。

②使用時間の管理・制限機能・アプリの活用

最近のスマホには「スクリーンタイム」など、使用時間を管理・制限する機能が付いているものが多いです。週当たり、1日当たりの使用時間が分かるのはもちろん、アプリごとに使用時間の上限を設定することもできます。使用できなくする時間「休止時間」の設定も可能です。同じような機能を持つ無料アプリもたくさんあります。中にはゲーム感覚で使用時間を制限できるものもあるのでお勧めです。

山本先生　スマホはほとんどの大人が所持している、必需品と言ってもいいものです。子どもたちが学校を卒業して社会に出て行く時、スマホのない生活はあり得ません。これからの社会を見据え、「使わない・使わせない」のではなく、「上手な使い方」を一緒に勉強してみてはいかがでしょうか。ゲームやSNS依存に悩むのは、何も子どもに限ったことではありませんし、新機能の使い方などについては子どもの方がよく知っています。親としても学ぶことが多いと思いますよ。

Q

「勉強しなさい」って言うのは、
やっぱり子どものやる気をそぐのでしょうか？

A

親が「勉強しなさい」と言うのをやめるだけで、子どもはずいぶん気が楽になるものです。そもそも家で勉強しているかどうかだけを見ていてはいけません。

もっと教えて！

お母さん　やらされる勉強ではダメということは分かったんですけど、それでもつい、だらだらしている息子を見ると「勉強しなさい」と言ってしまいます。もはや口癖になっているような気がします。

山本先生　僕も、だらだらしている自分の息子を見て心配になることはよくありました。でも、そもそも家でそんなに勉強しなければいけないんでしょうか？

お母さん　家で勉強しなくてもいいんですか？

山本先生　僕は家での勉強は残業に似ていると感じます。もし、学校で十分に頑張っていたとしたら、家でそれほど頑張らなくてもいいんじゃないでしょうか。もちろん、試験や入試などに向けて必要に応じて家でも学ぶことはあっていいと思うのですが、勉強していれば安心というわけでもないと思うんです。

お母さん　だらだらしているより、勉強している姿の方が安心してしまいます。勉強していても、ダメな時があるということですか？

山本先生　はい。特に一斉に出される宿題などは、「やらされる勉強」なのであまり意味がないと思います。期限に間に合わすために解答を丸写しするなど、宿題を提出することが目的になってしまっていることもあります。学びの本当の目的は、目標に向けて「できていないこと」を「できるようにする」ことですよね。宿題を提出することが目的になってしまうと、本来の目的を見失って、解答や友達の宿題を写したりしてしまうんです。親が「勉強しなさい」と言って勉強するのもこれと同じです。親が近くに来た時だけ勉強したふりをしたりするようになります。

お父さん　確かに、漢字を百回書きなさいといった宿題は作業になってましたね。

山本先生　はい。ですから、勉強しているかどうかより、目的に向かって自分をコントロールできているかという観点が大切なんです。

お母さん　じゃあ、だらだらし続けている子どもには、どうしたらいいでしょう？

山本先生　ゲームやSNSを長時間やっているようなら、話し合って使用時間などのルールを自分で決めさせることが必要だと思います。でも、生産的なことを何もしない、だらだらするだけの時間があってもいいと思っています。学校で何かあって悩んで苦しい時にゲームや動画などに熱中することで、一旦悩みから離れることもできますよね。怠けているだけのように見えても、「自分は何をしたいんだろう」って頭の片隅で考えていたりするかもしれません。表面的には何もしていないようでも、内側でいろいろなことを考えているようです。

お母さん　子どもが自分で動きだすのを信じたいとは思っています。でも、だらだらしてばかりいる姿を目の前にすると、イライラするし、心配です。

山本先生　そうですよね、分かります。分かりますけど、お母さんの目の前にある息子さんの姿は、息子さんの一面にすぎません。学校で全力を出し切って頑張っている子どもが、家ではリラックスして、学校とはまったく違う顔を見せていることはよくあります。大人と同じですね。面談の際などに、学校での様子を担任教師に聞いてみてはどうでしょう。「学校で頑張っているんだから、家ではだらだらするのもいいよね」と思えるようになるかもしれませんよ。

お母さん　そうですね。学校で目いっぱい頑張っているのかもしれませんし。勉強していれば安心というわけでもないことは分かりました。先ほどお話ししていた「目的に向かって自分をコントロールできているか」はどうやって見極めるんですか？

山本先生　お子さんとの対話で確認する方法があります。ただ、対話するタイミングが大切で、学校や塾から帰ってきて、疲れてソファに寝っ転がっているような時は、あまり良い対話ができるとは思いません。一番良いタイミングは、子どもが機嫌良く話してくれている時でしょう。コンビニに好きなお菓子を買いに誘って、その行き帰りに話すなど話しやすい場面をつくるのも手です。できるだけゆったりとした、リラックスした時間の中で、対話しましょう。

お父さん　具体的にどんな対話をすればいいのでしょう？

山本先生　そうですね。以前、自律型学習者になるための3つのポイントをお伝えしたのを覚えていますか？

①目標を自分で決めること（目標設定）
②自分の今の力を知ること（メタ認知）
③学習の方法を自分で決めること（学習方略）

これらを意識させる言葉掛けがあるんです。目標設定には「どんなふうになりたいの？」「どうしたいの？」、メタ認知を促したい時には「（目標に対して）どんな状態？」、そして、学習方略など自己決定させる支援としては「私にできることある？」というせりふです。その会話の中でアドバイスを求められたら、必ずアイ・メッセージで「私は～と思うよ」「私だったらAかB、またはCといった手段を使うかな」という感じで伝えましょう。

Q 親の考えや想いを繰り返し伝えても、子どもに響かない、変化が見られない場合はどうすればいいでしょうか？

A **状況が改善している未来を子ども自身がイメージできるように言葉を掛けていきましょう。**

もっと教えて！

お母さん　先ほど、「勉強してほしい」「生活態度を正してほしい」というような親の考え・想いを伝えたいなら、「アイ・メッセージ」で伝えるといいとおっしゃいましたよね？　でも、そうしてアイ・メッセージで伝えても、子どもに変化が見られなかった場合の対処法とかはありますか？

山本先生　子どもがなかなか変わってくれない場合に伝える、とっておきの言葉があります！

お父さん　ぜひ教えてください！

山本先生　はい。それは「ちょっと先の未来がうまくいっているイメージが持てる言葉」です。

以前、なくした主体性を取り戻すには時間がかかるってことをお話ししたことを覚えているでしょうか。小学校の6年間、先生や保護者の言いなりに過ごしてきた中学1年生に主体性を取り戻させるには、1年のリハビリ期間が必要だとお話ししました。つまり、例えば中学1年生の子どもが、スマホの利用時間などについて自分でコントロールできるようになるには、1年くらいはかかるということです。

それを踏まえて「1年後には自分でスマホをコントロールできるようになっているだろうね。今はできていないかもしれないけど、できるようになるのが楽しみだな」といった言葉を掛けるんです。子ども自身に、この1年は主体性を取り戻すためのリハビリ期間であることを伝えておくのもいいですね。

お父さん　なるほど。でも、1年たっても子どもに変化が見られなかったらどうするんですか？

山本先生　そうですね。そんなときは「もう1年たってるけど、自分でコントロールできるようになっていると思う？」とか「いつまでリハビリ期間なの？」などと厳しいことを言ってもいいと思います。

お母さん　言いたいことを言えると、ストレスをためずに済みそうです。

山本先生　そんな状況になる前に、「リハビリ期間は1年くらいってことだけど、あなたならもっと早くできるようになるんじゃない?」とプライドに火を付けるような言葉を掛けてもいいと思いますよ。

お父さん　未来の自分を想像させる感じでしょうか?

山本先生　はい。「仕事中にスマホゲームに熱中して、仕事が全然進まない大人を見てどう思う?」といった言葉を掛けて、だいぶ先の未来を想像させることもできます。そんなふうに問い掛けると、子どもはきっと「それはダメだと思う」と答えるでしょう。そこから、「研究中にスマホをいじっている大学生は?」「授業中の高校生は?」と近い未来を想像させ、「じゃあいつやめるの?」と今の自分につなげる問いを続けていきます。

お父さん　なるほど。スマホにコントロールされることはかっこ悪いって、本当は分かっているんですね。

山本先生　「じゃあ高校生になったらやめようかな」とか、のんびりしたことを言う子もいるんですが、「え!　そこまでかかるの?　それじゃ困るな」と大げさに返してあげてください。リハビリ期間はある程度認めてあげていいのですが、「できる」のに「やらない」ことには時に厳しく言ってもいいと思います。

お父さん　そんな対話だったら、本人に自己決定させることが自然にできますね。

山本先生　それと同時に、うまくいっているポジティブな未来を意識させる言葉も大事です。「スマホをコントロールするのは一つのスキルだよ。今、そのスキルを手に入れられれば、大人になっても、あなたはきっと大丈夫ね」といった具合です。

お母さん　「ちょっと先のポジティブな自分」を考えるっていうのはいいですね。多分、私たち大人にとっても。

山本先生　そうなんです。うまくいく自分を意識することができますよね。また、期待を掛けられると、その期待に沿った成果を出すようになるという心理効果もあります。これを「ピグマリオン効果」と言います。反対に、期待や関心を持たれないことで、成績やパフォーマンスが下がってしまう「ゴーレム効果」というものもあります。

子どもには、うまくいく未来につながる言葉を積極的に掛けていきましょう。

お母さん　よく考えれば、私も「ダイエットするぞ」「家計簿つけるぞ」って何度も決意してうまくいっていません。

山本先生　そうなんですよ。大人だってなかなか守れないことがあるんですよね。親が模範になって見せることも大事ですが、うまくいかないことを一緒に挑戦するのもいいんじゃないでしょうか。子どもは「自分がうまくいかない時でも親は認めてくれている」「自分の未来を信じてくれている」と感じることで必ず成長していきます。

Q 頑張っても成績が上がらない時もあると思います。そんな時は、どんな声を掛けてあげたらいいでしょうか？

A **努力しても思うような結果にならないことは少なくありません。結果ではなくプロセスを見て、努力を認めてあげましょう。**

もっと教えて！

お父さん　息子の1学期の成績はさんざんなものでした。中学に入ってから、あまり勉強している様子が見られなかったので、当然の結果だと思います。

ただ、息子が中学受験の勉強をしている時に感じたんですが、頑張っても頑張ってもテストの点や成績につながらない時ってありますよね？　頑張ってもダメなんだってすごく落ち込んでしまって……あの時、なんて声を掛けていいのか分からなかったんです。

山本先生　そういう時もありますね。受験の場合、どれほど毎日しっかり勉強して臨んでも、必ず合格を勝ち取れるわけではありませんしね。でも、合格という結果に結び付かなかったからといって、積み重ねた勉強が無駄になるということもないですよね。

お父さん　確かに勉強してきたことが無駄になるとは思っていません。でも「合格できなかったら意味がない！」「結果が出ないなら、頑張ってもしょうがない」って言われた時は、掛ける言葉が見つからなくて、「そんなことないよ」「よく頑張っているよ」としか言えませんでした。

山本先生　頑張っていることを褒めてあげるのは、とても大切なことですよ。でも、そうですね、努力の大切さを分かっていても、「成果の出ない努力の意味」を正面から問われると、ちょっと困ってしまいますよね。では、ちょっと質問です。お父さんは学生時代、次のどのタイプの生徒でしたか？

①50分の授業をしっかり受けていて、成績が良い
②50分の授業をしっかり受けていても、成績が悪い
③50分の授業をサボっていても、成績が良い
④50分の授業をサボっていて、成績が悪い

お父さん　③以外、全部に当てはまるんじゃないかな。基本的に授業はしっかり受け

ていた方だと思いますが、サボってしまっていた時期もありました。しっかり授業を聞いていたはずなのに成績が悪い時もありましたし、サボれば当然、成績は悪かったです。

山本先生　まぁ大抵はそうですよね。じゃあ、この中で、将来を考えて一番心配な生徒はどのタイプだと思いますか？

お父さん　それは②でしょうか。サボっていて結果が出ないのは当然ですが、しっかり努力しているのに結果が出せないのですから。

山本先生　勉強に関しては、勉強方法などに問題があって結果に結び付かないこともあるので、②も注意が必要ですけど。僕は、一番心配なのは③だと思っています。

お父さん　③ですか!?　サボっていても良い成績が取れるというのは、優秀な生徒ってことじゃないんですか？

山本先生　サボっていても良い成績が取れている生徒は、「50分の授業をサボる」という経験を積み重ねていくことで、「自分は50分の授業でさえ集中できないんだ」ということを日々、脳に刻み付けていることになります。目標に向けて努力できないという経験を繰り返すわけですから、これは心配ですよ。もちろん、授業以外の場面で、集中して勉強しているのかもしれませんが、少なくとも授業では成長しません。

お父さん　ということは、成績が悪くても授業をしっかり聞いていると……

山本先生　成績が悪くても、50分の授業に集中している子は、「50分の授業をしっかり受ける」という経験を繰り返しています。脳は、「目標に向けて努力を積み重ねられる」ということを学習していきます。「目標に向けて努力を積み重ねられる」力というのは、一生ものだと思いませんか？　成績という目に見える結果がすぐに出なくても、努力をすれば必ず成長します。

お父さん　そう言われると、励みになりますね。

山本先生　テストでカンニングをしたり、お金で「合格」を買ったりすることが、いかに無駄なことか分かりますよね。

受験期間中の息子さんに「よく頑張っているよ」っていう言葉を掛けてあげたことは、とても良い対応だったと思います。できれば、「頑張っている」という情緒的な言葉ではなく、「目標に向けて、計画的に過去問に取り組んでいるよ」「分からない時は教科書をよく読んでいたね」などと具体的な行動を褒めてあげられると、お子さんもプロセスに価値を置くようになるでしょう。

頑張っても、努力しても、思うような結果に結び付かない時は、結果ではなくプロセスに注目して、その努力を認めてあげることが一番です。そして、努力は必ずしも良い結果に結び付くとは限りませんが、必ず「成長」を手に入れられることを伝えてあげてください。

Q

最近、親が話し掛けても、あまり話してくれなくなりました。思春期だからしょうがないのでしょうか？

A

中高生になると、ほとんどの子どもが親とじっくり話し合うことを敬遠するようになります。背景には「ちゃんと聞いてくれない」「悪いのはこっちだって決めてかかっている」「話しても否定されるだけ」などの理由があるようです。

もっと教えて！

お母さん　うちの子は、娘が高2で息子が中1です。娘は中学生の頃もそれほど反抗的な態度はなかったのですが、息子は最近、気分が不安定で……。

アンガーマネジメントにしてもスマホの使い方にしても、親子で話し合うことが大切だというのは分かりますけど、親が何か言うと「うるさい」とか「ほっといて」と言い返してきて、会話がうまくいきません。

山本先生　楽しそうにしている日もあれば、妙に反抗的になっている日もあったりしますか？　気分のむらの背後には、学校であったこととか、息子さんの「虫の居所」

もあるでしょうね。

反抗期という言葉でくくってしまうと、いじめ被害など深刻な問題を見逃してしまう危険性がありますが、まぁそういう態度になりやすい時期だと覚悟しておくことも必要です。ただ、成長過程における正常な反応とはいえ、反抗的な態度の裏には、ちゃんと理由があるものですよ。

お父さん　話し掛けても返事をしないのにも理由があるんですか？

山本先生　普段、あまり子どもの話を聞く時間を取っていないのに、ちょっと時間ができたからって子ども部屋をのぞいて「勉強の調子はどう？」なんて話し掛けていませんか？　子どもにとっては、集中して問題に取り組みたい時間だったかもしれないし、話をする気分じゃなかったかもしれません。

大人同士でコミュニケーションを取る場合、最初に「今ちょっといい？」とか「話す時間ある？」などと一声掛けて、相手の都合を確かめませんか？　子どもに対しても、同じようにするといいですよ。

お母さん　そこで「うるさい」などと返されると、その後、話し掛けにくくなるんですよね。

山本先生　真っ向から拒否されると、辛いですよね。でも、親として子どもに興味を持ち続けることはとても大切です。「勝手にしろ！」なんていう言葉は興味がないという意味なのでＮＧです。いつも見ている、気に掛けているということを態度で示してください。子どもが話し掛けてきた時に、スマホをいじりながら相づちを打つなんていうのはダメです。大人同士でそれをしたら「なんて失礼な人だ！」となるでしょう？　子どもに対しても、当たり前の礼儀を尽くさないといけません。

お父さん　耳が痛いです。身に覚えがあります。家族だからいいじゃないか、という甘えもあって……。思春期って、そういう態度に過敏に反応してしまう時期なのかもしれませんね。

山本先生　そうですね。思春期の親子関係は難しいです。だからこそ、思春期に入る前から日常的にコミュニケーションを取って、親に対する信頼や安心感を育んでおくのがベストです。

例えば、子どもを公園で遊ばせておいて、自分はベンチでスマホ……というのはダメだと思います。

お父さん　あまり長時間子どもから目を離すのは、事故などの危険がある……というだけではなく？

山本先生　もちろん事故などの危険性を考えて、長時間目を離すのは危険というのもあります。ただ、目を離してはいけない理由はそれだけではありません。小さな子どもは遊んでいる最中でも、親や周囲の大人に視線を向けてアイコンタクトを取ろうとします。見守られていることを確認して、安心して遊びに戻っているんです。親が自分を見てくれていないという悲しい経験が積み重なっていくと、親は自分に関心がないんだという感情が育ってしまいます。

お母さん　子どもはデリケートですね。話し掛けてきた時には、きちんと顔を見て話すようにします。

山本先生　ぜひ、そうしてください。「親は、自分がどんな選択をしても、ちゃんと話を聞いてくれる。受け止めてくれる」と、子どもたちが大人を信じられるようにすることが重要です。

僕は、自分の子どもや学校の生徒たちが話し掛けてきたときは、作業中でも一旦手を止め、聞く姿勢を示すようにしています。せっかく話し掛けてきてくれたのに、よく聞きもせず、「それは~だよ」とか「それはダメでしょう」なんて否定してしまったら、子どもは話し掛けてこなくなりますから。最初の一言が大切です。決して否定せず、「そんなふうに思ってたんだね」「話してくれて嬉しいよ」と受け止めましょう。このように、感情的にならずに相手を受け入れることから始める対話をアサーティブコミュニケーションと言います。このやり方に興味を持ったら調べてみてください。

お父さん　はい。職場でも役立ちそうなので調べてみます。子どもに大切なことを相談してもらったり、親子で話し合ったりできるようにするには、親の日頃の態度が重要ということですね。

Q

子どもの学びのために親にできることは？
信じて見守るしかないのでしょうか？

A

子どもがどんな状態にあっても、親は子どもの味方であること、大切に思っていることを伝えましょう。それが何よりも大切だと思います。

もっと教えて！

お母さん　子どもに対しても、当たり前の礼儀を尽くさないといけないというお話はグサッときました。自分の言動が心配になります。

山本先生　もっとグサッとくることを言ってもいいですか？

お母さん　何でしょう？

山本先生　子どもに変わってほしいと思うのなら、まず親が変わらないといけないんです。子どもにいろいろ話をしてほしいのなら、まず親がいろいろな話をする。部屋を片付けてほしいのなら、親が率先して片付けをする。兄弟や友達と仲良くしてほしいのなら、親がパートナーと仲良くしている姿を見せる。言葉遣いだってそうです。子どもは親の言葉を聞いて育つのですから、言葉の一つひとつに心を配る必要があります。子どもが小さいうちは、特に親の影響が強いです。

お父さん　そういえば、子どもが小さい頃、私の口癖をまねされたことがあります。でも、親が態度を正しても家庭環境を整えても、期待した通りの反応をしてくれないこともありますよね。子どもが成長すればするほど、そういう反応が増えている気がします。

山本先生　子どもの世界も成長とともに広がりますからね。態度を正すのも環境を整えるのも、子どものためだけじゃなく、自分のためでもあると思えば、思ったような反応がなくても、がっかりせずにいられるのではありませんか？

お母さん　それって、息子の部屋の片付けのことを言われているようです。わが家は結構きれいに片付いていると思います。私が片付けても片付けても、息子は平気で散らかします。息子の部屋は脱いだものは脱ぎっ放しで基本散らかっているんです。きれいな方が心地良いし、勉強にも集中できると思うので、片付けるように言うんですが、まったく改善しません。がっかりというか、イライラします。

山本先生　息子さんの部屋であれば、お母さんが手を出したりはしない方がいいと思います。本人が「きれいな部屋の方が快適だ」と感じて、自分で片付けの必要性に気付くことが望ましいからです。ただ、その部屋の状況を見ているとイライラが募るというのであれば、お母さんが片付けるのもいいかもしれません。

お母さん　私が片付けていていいんですか？

山本先生　お母さんの精神衛生上、その方が楽ならいいと思います。ただ、片付けたことを恩着せがましく主張すると、「頼んでない！」という反発があるかもしれません。お母さんが片付けるのなら、息子さんのためというより、ご自身のためにやってください。

お母さん　何か少し悔しい気もしますが、そうですよね。

山本先生　息子さんが将来独立した後、どんな状態の部屋に住もうと、それは息子さんの問題です。でも、今は家族で同じ家に住んでいるんですから、皆が快適に過ごすためのルールを設け、守るようにはっきり伝えるのはいいと思いますよ。

お父さん　息子を見ていると、片付けが苦手なんだろうと感じます。何て言うか、片付け方が下手なんです。

山本先生　人間、赤ちゃんの頃は、何もできません。大人になると難なくできることが増えて、できない感覚を忘れがちですが、片付けにしても何にしても、苦手なものは誰にでもあるものですよ。親のしつけの問題では決してありません。

子どもが小さいうちは、歩いたしゃべったと一つひとつの「できる」を大切に見守りますよね？　でも、大きくなっていくにつれ、周りの子どもと比較して「できない」にばかり目を向けてしまっていないでしょうか。「先生からも叱ってください」なんてお願いをしてしまったら、周りの大人は誰も認めてくれないと感じるようになってしまうかもしれません。少なくとも親はありのままの子どもの姿を受け止めましょう。できないことではなく、できることに注目してあげてください。テストが悪い点だったとしても、「伸びしろが大きい」「これから伸びる可能性がある」と捉えて、肯定的な言葉を掛け続けてください。

お母さん　どんな言葉がいいんでしょう？

山本先生　今まで「できない」が目に付いた時に子どもに掛けてきた言葉の逆です。「そんなことではダメだ」ではなく「大丈夫。ダメだって経験ができたじゃない」、「弱音を吐いている場合じゃない」ではなく「言ってくれてありがとう。不安なのは目標に向かっている証拠だよ」という感じです。結果じゃなく過程や行動に注目してください。

お父さん　それって過保護ではないでしょうか？

山本先生　過干渉はよくありませんが、過保護なくらい子どもの気持ちを大切にしてあげていいと思います。子どもがどんな状態であっても、親は味方であること、大切に思っていることを伝えましょう。勉強しなくても、スマホばかり見ていても、かけがえのない存在であることには変わりません。親が望まない選択をして、失敗しても、「大丈夫。どんな選択をしても、何度失敗しても家族はあなたの味方だよ」と伝えましょう。それが、保護者にできる、何より大切なことだと思っています。

COLUMN

第三者の言葉で褒める

「自分に自信を持ってほしいから、なるべく子どもを褒めるようにしておく」という保護者がいます。とても良いことだと思います。

褒めるということは、相手を認め、評価することですから、大人だって褒められると嬉しいですよね。子どもたちも基本的に褒められるのは大好きなものです。

でも、思春期に差し掛かってくると「こんなことで褒められても嬉しくない」「褒めればいいと思っているんだろう」なんて、ちょっと斜に構えた捉え方をする子も出てきます。

そうした時期に活用したいのが、「第三者の褒め言葉」です。これは、アーリーン・ロマノネスの小説『伯爵夫人はスパイ』の中で、ウィンザー伯爵夫人という登場人物が言った「第三者の褒め言葉がどんなときにも一番効果があるのよ、忘れないでね」というせりふに由来します。ここから「(当事者よりも)第三者が発信した情報の方が信頼されやすい」という心理的傾向が「ウィンザー効果」と言われるようになったのです。

「第三者の褒め言葉」の家庭内での使い方は簡単です。まずは、日頃から子どもをよく観察し、良いところや成長したところ、頑張っていることを見つけてリスト化しておきます。文字に書き残しておくと忘れにくいですが、頭の中にしっかり記憶しておくのでもOKです。そして、夫婦間、家族間で子どものことを話し合い、気付いたことを共有します。自分一人では気付けなかった子どもの変化も見えてくるはずです。そうして得た気付きを、「この前、お父さんがあなたのことを○○○○って言ってたよ。お父さんすごく喜んでたよ」などと、○○○○の部分に褒めたいことを入れて、どんな様子だったかを加えて子ども本人に伝えるのです。

家族から聞いたことだけでなく、学校の先生や近所の方、親戚から聞いたこともリスト化しておくことをお忘れなく。

「家族は自分のいないところでも、自分の良いところを共有しているんだ」

そうした感覚を持つことができると、子どもの自信につながっていきます。

CHAPTER 4

学びは自分でつくる 学び方・学ぶ環境の整え方

「教えない授業」に慣れてきて、自分で勉強の計画を立てられるようになった習君。ただ、自分で学びのテーマを見つけることは苦手で、友達のまねをしているだけ。一方、弟のそんな学びの話を聞いた姉(律)は、自分の学校の授業との違いに驚き、うらやましさを感じています。

秋

最近、お母さんと弟・習の言い合いが減った。弟が受験して、ちょっと変わった学校に進学してから、お母さんは何だかずっと不安そうに弟を見ていた。「主体的な学びを促す」とかいう教育方針の下、勉強を強制されなくなった弟は、姉の私から見てもちょっとどうかと思うくらいに勉強してなかった。当然、1学期の成績もボロボロで、さすがのお父さんも苦い顔をしていた。

夏休み中は、依存じゃないかと心配になるくらいにスマホに夢中で、お母さんが珍しく怒鳴っていた。でも、2学期が始まって、何だか弟の様子が落ち着いてきた。

「最近、あんまりスマホ見てないね」

「うん。夏休みにどんだけオンラインゲームやったか確認してみたら、われながらすごかった。友達に言ったら引かれるくらい。でも**やっぱりスマホがあると集中できないから**、お父さんお母さんと相談して、スマホの利用時間に制限かけたんだ」

「えらいじゃない！　で、今何してるの？」

弟が広げているノートをのぞき込むと、どうやら勉強計画を立てているらしい。教科ごとにやるべきことが書き出され、終わった項目にはチェックが入っている。夏休みの勉強計画は、全然守れなかったみたいだけど、今度は順調に進んでいるらしい。

「最初は面倒くさかったけど、計画立てておくと便利だって分かったんだよね。やったこととやってないことがはっきりするし、試合前は部活がキツくなるから、先に動画講義見て、進めておこうとか考えられるし」

弟の学校は、うちの学校のように先生が一方的に講義する授業はないらしい。自分の好きなように好きなペースで勉強できるっていうのはうらやましいけど、言われないと動かないタイプだった弟には、厳しい環境だったはず。それが、自分で計画を立てて、しかもちゃんと進めている。すごい成長だ。

「『主体的な学び』を促す授業ってどんな？」 好きなように勉強を進めていけるって聞いたけど、何をどうやってるの？」

「『教えない授業』のこと？　改めて聞かれると困るな。教科書の解説動画を見たり、友達に聞いたりして、練習問題を解いてみる。分かんない部分があったら、先生に聞くって感じ」

理解ができれば、どんどん先に進んでいいらしい。得意教科の場合、授業スピードが遅くてイライラすることもあるから、すごくうらやましい。**自宅でもできる「主体的な学び」、効率的な勉強方法があればいいのに。**でも、どうしたってやる気の出ない教科もある。「主体的な学び」をしていて、勉強が遅れる教科は出てこないのかな？

「勉強しなくても何も言われないんだよね？『**やらなくちゃいけない**』**っていうのがないと、やる気にならない**教科ない？」

「あるよ〜。そこはまぁ、最低限、教科書はって感じで。**苦手教科を楽しく勉強するなんて無理**だよ」

「主体的な学び」を促す授業でも苦手教科は克服できないらしい。弟が知らないだけで、何か良い方法があるのかもしれないけど。

「そういえば習は何が苦手なの？」

「探究系。自由にテーマを決めて調べてまとめて発表ってやつ」

「それって一番分かりやすい『主体的な学び』ってやつじゃないの？　何してもOKって一番楽しいじゃない」

「テーマを探すの面倒じゃない？　何していいか分かんないよ。ある程度決めてくれたら、調べたりまとめたりは嫌いじゃないよ」

弟は**自分が何について調べたいのか分からない**と言う。「自由にどうぞ」って言うんだから好きなことを選べばいいのに。

「好きなことをテーマにすればって言われるけど、分かんないんだよね。しょうがないから、友達が選んだテーマに乗っかってる」

弟の好きなものはスポーツ全般とゲームだ。スポーツ中継があればテレビを独占して見ているし、ゲームはこの夏、依存が疑われるほど熱中していた。スポーツやゲームに関連したテーマなら、いくらでも考えられるだろうに。趣味が勉強のテーマになるとは思えないとかかな？　私が韓国アイドルにハマって韓国語を勉強していたのをどう思って見てたんだろう。韓国語だけじゃなく手話とか、**いろいろ手を出しても長続きしていない**から、趣味は勉強にするものじゃないとか思ってるのかな？

「友達のテーマに乗っかるのはダメなの？」

「先生はそれでもいいって言うけど、やっぱりオリジナリティーを出したいよ。どうやったら、好きなことが見つけられるかなぁ」

「……」

Q いわゆる普通の学校に通っています。「主体的な学び」をする方法はありますか？

A **先生の解説や教科書の記述を覚えるだけではなく、「どうして●●なんだろう？」「××の場合はどうなるんだろう？」というように、自分で「問い」を立てて考えるようにしてみましょう。**

もっと教えて！

お姉さん　うちの学校は、先生が教科書内容を解説する授業が基本です。成績は良い方だと思いますけど、勉強が面白いと思えたことはなくて……。弟の学校みたいに、自分で計画を立てて自由に勉強する授業なら、面白いのかなって。

山本先生　そういう授業・学び方を「主体的な学び」って言うんだよ。「自分で学習計画を立てる」とか「目標を設定する」っていうことをしてみたことはある？

お姉さん　先生に与えられた計画表がしっくりこない時は、自分なりの計画を立てるようにしています。例えば、夏休みなんかは、宿題や読みたい本などをリスト化して、全体を見える化して手帳にやることを書いておくのが自分に合っています。

山本先生　先生やご両親に言われたからじゃないよね？　自分で工夫して計画を立てて実行してきたっていうのは、とても良いことだと思う。「目標を設定して実行する」ってことに慣れているなら、普段から「学習計画を立てて実行する」のも得意かもしれないね。家では勉強はどんな感じで進めてる？　塾とか通っているんだったっけ？

お姉さん　塾は行っていないです。高3になったら、大学受験のために行くかもしれませんけど、今は自宅学習だけ。宿題や予習復習を1日2時間くらいやっています。

山本先生　学校で授業をしっかり受けて、家で2時間勉強してるんだね。成績も悪くない。学びのサイクルがしっかり定着しているんだろうね。

お姉さん　でも、別に面白くはありません。弟みたいにいろいろ考えるっていうことをしていない気がして、このままでいいのかなとも思います。

山本先生　弟さんの勉強が楽しそうに見えるんだね。実際、好きなことを自由に学ぶのは楽しいものだからね。今の勉強がつまらないなら、自分で「問い」を立てて考えるということを勧めるよ。

お姉さん　自分で「問い」を立てる？　教科書に載っている問題じゃなくてですか？

山本先生　そう。例えば、英語の教科書に「トムは野球をしました」という例文があったら、「トムは何のスポーツをしましたか」「野球をしたのは誰ですか」という具合に例文に関連した疑問文を作っていく。

簡単だと思うでしょう？　そういう簡単なところから始めて、「野球とはどんなスポーツですか」「野球の起源は何ですか」といった、答えが教科書の本文からは見つけられない問いを立てて、今度は自分で調べて解答を書いていくんだよ。こうした、教科書を越えていく学び方は、どの教科にも応用できるよ。

お姉さん　自由研究みたいで面白そうです。でも、受験勉強や定期テスト対策にはつながらないですよね？

山本先生　そんなことはないよ。問いを立てるために教科書をしっかり読み解くことになるから、教科書内容の深い理解につながる。

それに、「問い」を立てることを繰り返していくうちに、文章を読む際に常に「問い」を意識するようになる。すると「書いてあることは本当だろうか」と吟味していく「問い」を抱くこともあると思う。そんなふうに物事を安易にうのみにせず、批判的・客観的に考えられる力を「クリティカル・シンキング」と言うんだよ。クリティカル・シンキングは今後、大学入試に取り入れることを文部科学省が提唱して、実際に「意見」と「事実」を見分ける問題も出されてるよ。

2022年度の大学入学共通テストの英語には、4つの選択肢から fact（事実）を選ぶ問題が出てたよ。例えば、the library orientation handouts are wonderful（図書館のオリエンテーションでの配布資料は素晴らしい）、という選択肢。これは事実かな？

お姉さん　いきなり聞かれると……えっと事実ですか？

山本先生　何をもってwonderful（素晴らしい）とするかは人によって違うよね。だからこの選択肢は、opinion（意見）なんだ。この問題の正解の選択肢はthe library is opne until 9pm（図書館は午後9時まで開いている）だったんだよ。これは人によって解釈が異なるわけではないので、fact（事実）。

こんなふうに、事実を見極める力は、社会に出てから必要な力でもあるよね。

お姉さん　事実なのか意見なのかを見極めることが必要なんですか？

山本先生　たくさんの情報が飛び交う社会になっているから、正しそうに見えるものが本当に正しいか、吟味することも必要ということだろうね。

もちろん、「問い」は教科書に限らず、日常生活のあちこちにも転がっているよ。「どうして一週間は7日なの」「O型は蚊に刺されやすいって本当？」とかね。

お姉さん　「何で」「どうして」って、小さな子どもみたいですね。

山本先生　まさにそう。子どもの頃は分からないことばかりだったでしょう？　答えが分からないまま大人になって忘れてしまった「問い」もたくさんあるはずなんだ。子どものように「問い」をたくさん持つことで、探究心が刺激される。次々と新しい「問い」が生まれてくるようになると、ワクワクしながら主体的に学べるようになると思うよ。

Q

苦手教科はどうしても「やらなくちゃいけないからやる」になってしまいます。苦手教科でも主体的に取り組む気持ちになれる方法なんて、ありますか？

A

人にはそれぞれ学び方の特性があります。自分の特性を理解して、学び方を考えていくと、意識が変わるかもしれません。

もっと教えて！

お姉さん　国語や英語など、文系科目はどれも好きだし得意な方です。でも、数学や物理、化学などの理系科目は苦手意識が強いです。テストのために仕方なく勉強はしていますが……。

山本先生　誰にでも得意・不得意はあるものだよ。僕は、英語教師としてもう20年以上英語を教えているけど、中高生の頃は英語が苦手だったなぁ。どちらかといえば、嫌いな方だったかもしれない。

お姉さん　英語の先生になったのに!?

山本先生　もう忘れてしまったんだけど、何かのきっかけで英語を音読するのが楽しくなったんだよね。そこから、発音をまねするために英語をたくさん聞いたんだけど、自分は文字を読むより、耳で聞く方が得意（聴覚優位者）だって気が付いたんだ。他にも絵や図で理解するのが得意な「視覚優位者」や、文字を読んで理解するのが得意な「言語優位者」もいる。

お姉さん　私は文字で読むのが好きだと思います。そういう自分の特性を理解して学べば、数学や物理が好きになる時が来るんでしょうか？

山本先生　学び方は各段に良くなると思うよ。もう一つは「きっかけ」かな。ある会社を訪問した時のことなんだけど、ロケットの設計に携わる社員さんが、高校時代は、数学も物理も得意じゃなかったって言ってたんだよね。

お姉さん　数学や物理が苦手だったのに、ロケット設計の仕事をしてるんですか！

山本先生　就職した会社がたまたまロケット設計も手がけていて、「面白そう！　私もやりたい！」って手を挙げたんだって。設計に必要だから微分積分や三角関数の勉強を始めたら、自分でも驚くほどスイスイ頭に入ってきて、仕事に使えるレベルになったって言ってたね。人生、いつどこでどうなるか、分からないものなんだよ。

お姉さん　面白いですね。私もそういう機会に巡り合いたいです。それまでは、自分の学び方の特性を知るためにいろいろ試してみます。

山本先生　そうだね。その中で、ロケット設計みたいなワクワクする目的が生まれるといいね。今は、自分の得意・不得意を理解できていて、学びの出発点をメタ認知できているようだから、素晴らしいと思うよ。

お姉さん　メタ認知？

山本先生　自分を俯瞰的に見るってこと。自分自身のことが分かっていれば、これからどうしていくべきかなど、方向性を見定めることができる。そして、「できない」を誰か得意な人に頼ることもできるし、「できない」を「できる」に変えていきたいと自分で努力することもできる。好きなことを大切にしながら、これからの社会や自分の進路を意識して学ぶことが大切だよ。

お姉さん　でも、苦手教科を我慢せずに勉強できるようにする方法なんてないですよね？

山本先生　う〜ん。教科書や普通の参考書、問題集を使って勉強するのは、苦手教科の場合、やっぱりつまらないよね。今はいろいろなタイプの参考書や問題集が出ているので、漫画を使って解説しているものや、勉強系 YouTuber の動画を見るといったことを試してみたらどうだろう。苦手教科に関連する漫画や小説を読んでみるのもいいと思う。これも学び方の特性だから自分に合ったものを探せばいい。

漫画や小説？って思うかもしれないけど、自分に合った学習方法を見つけることが大事なので、興味のきっかけは何だってアリなんだよ。興味が持てたら、勉強のモチベーションになるだろう？

お姉さん　そういえば、お母さんは源氏物語やフランス革命について漫画で読んだって言ってました。面白くて何度も読み返したら、自然と覚えちゃったって。

山本先生　そういう人は多いみたいだね。漫画になっていると頭に入りやすいんだろうね。そういうエンターテインメント性のあるもので導入だけでもつかんでおいてから教科書に戻ると、用語や解説がグッと頭に入りやすくなると思う。

教科書は、たくさんの専門家の協力の下で作成され、文部科学省の審査も受けているものなので、インターネットの雑多な情報より信頼できるよ。分からないことがあるとインターネットで調べるっていうのが身に付いていると思うけど、インターネット上には信憑性が低い情報もあふれているから、教科書に戻りながら学ぶ習慣を付けるといい。ただ、教科書だとしても、間違いはあり得るから、うのみにせず、疑問を持ちながら読むことは大切だね。

お姉さん　教科書は他と比べたら信頼できる教材ってことですね。

山本先生　そう。そして、前にも言ったように、教科書を読むときには、ぜひ「問い」を立てることを心掛けてほしいね。教科書の内容を丸暗記するのではなく、教科書を利用して理解を深める。僕の教え子には、その教科の先生のまねをして、誰かに教えるように教科書を音読したりしている子がいたよ。「教えるように」というのがポイントで、物まねするとさらに楽しく学べそうだね。そういうふうに教科書を目いっぱい使い込んでみてほしいね。

Q

自分で決めて始めたことでも興味が失せちゃうことがあります。途中放棄はやっぱりダメですか？

A

「決めたことは最後までやり遂げなさい」。子どもが大人によく言われる言葉です。でも、興味関心が他に移ったのなら、方向転換してもいいと思います。

もっと教えて！

お姉さん　韓国のアイドルにはまって、NHKの韓国語講座を見たりして勉強していたんですけど、最近興味が薄れてきてしまいました。韓国語が使えたら将来、就職活動の時なんかも有利かなって思って頑張っていますが、苦痛になってきました。自分で決めて始めたのに……三日坊主はやっぱりダメなことですよね。

山本先生　そんなことはないよ。学校の勉強だけでも大変なのに、韓国語まで勉強しようとした、その意欲が立派だよ。英語以外の言語を学ぶことは英語学習にも良い影響を与えると言われているし、グローバル社会だから英語だけにこだわる必要もないね。
　それに、脳科学的に言うと、三日坊主っていうのは、脳の仕組みとして当たり前に起こることらしい。だから決して君の意志が弱いといったことではないんだ。三日坊主を繰り返しながら続けるのもありだし、韓国語への興味が薄れてきてしまったのなら、無理に続けることもないと思う。大切なのは、それを学ぶことで何をしたいかといった目的がはっきりしていること。目的がはっきりしていれば、続ける意志につながるよ。

お姉さん　でも、何だか負けた気分です。

山本先生　その気持ちも分かるよ。自分で決めて始めたことならなおさら、そんな気分になるよね。お稽古事などを「やめたい」って言いだした子どもに、親が「自分で決めて始めたんだから、最後までちゃんとやりなさい！」っていうシチュエーションはよくあるよね。
　でも、継続することにつまずきを感じたら方向転換を図るというのも、重要なスキルの一つだと思う。一つのことを突き詰めて究める力も重要だけど、これからの社会では、さまざまなことに興味を持ってスキルを身に付け、同時進行で複数のことに取り組む力、「マルチタスク」も重要とされてくるはずだから。大切なのは、やめるにしても続けるにしても、自分で決めることだね。

習君　色んなことがちょっとできるっていうより、一つのことを究める方が、かっこよく思えます。マルチタスクってそんなに大切ですか？

山本先生　すごく大切。例えば、就職した会社が倒産してしまったとするでしょう。会社のこと以外何も分からなかったら再就職は大変だよ。でも、副業を持っていたら？　会社では営業職だけど、実はウェブデザインが得意だったりしたら？

習君　得意なことが複数あったら、一つがダメになっても、もう一つでカバーできますね。その方が安心かもしれない……。

山本先生　終身雇用制度って分かるかな？　大学卒業後に初任者として就職した会社に定年まで勤めることだよ。日本企業には終身雇用制度を基本とするケースが多かったんだけど、少しずつ変わってきている。二人が社会人になる頃には、転職が当たり前になっているかもしれない。得意分野が複数あった方が、自分を生かせる場所の選択肢は増えるだろう。

お姉さん　だから、興味関心が薄れてしまったら方向転換して、好きなことや得意なことを増やしていくのも大切ってことなんですね。

山本先生　その通り。この前、数学や物理が苦手だったのに、ロケット設計の仕事をしている人の話をしたよね。その会社の社長さんは、「専門性の高い人ほど、専門外のことに関わろうとしない」「うちの会社は、めちゃくちゃ素人だけど前向きな人、経験はないけどやってみたいっていう人を求めている」って言っているんだよ。

お姉さん　その分野の専門家を雇った方がいいような気がしますけど？

習君　プロフェッショナルは会社員としては扱いにくいってことですか？

山本先生　プロフェッショナルを否定しているのではないよ。「一つのことを究めても、それ以外のことに興味が持てなくなってしまったり、行き詰まった時に方向転換できなくなってしまったりするならもったいない」ということだって言ってたな。専門外のことがまったく分からない、関わろうともしないとなったら、知識の応用範囲は狭くなるよね。せっかく専門知識が豊富にあっても、どう応用していくかについて、広い視野を持って考える力がないのでは、もったいないだろう。

一つのことを追究してプロフェッショナルを目指すのも、もちろん素晴らしいことだよ。でも、知識や技能は、必要に応じて後からいくらでも高めることができる。興味関心のある分野であれば、その習得は速くなるしね。だからこそ、やりたいことは一つに絞らなくていいんだよ。いろいろなことに興味関心を持って挑戦していってほしいな。

Q

「自由にテーマを決めていい」っていう探究系の授業が苦手です。どうやって課題を見つけたらいいのか、自分が何について知りたいのか、正直よく分かりません。

A

いろいろな情報に触れて視野を広げていきましょう。自分の興味関心がどこにあるか見えてくると、課題もきっと見つかります。

もっと教えて！

習君　うちの学校には、1学期丸ごと使って、自分で好きなテーマを決めて、調べて、発表するっていうのがあるんです。何をテーマにしていいか全然分からなくて、結局、友達と似たようなテーマにしちゃいました。

山本先生　「総合的な学習の時間」の活動かな。生徒が自ら課題を見つけて、現状を調べたり、仮説を立てたりしながら探究して……っていう課題解決のための力を身に付けさせるための授業だから、生徒自身が決めるテーマが重要なんだよ。

お姉さん　うちの高校にも同じような活動がありますけど、ざっくりした分野の縛りがあります。「国際理解」とか「環境問題」とか。

習君　そういう縛りがあった方が、テーマが決めやすくていいなぁ。

お姉さん　そうかなぁ。国際理解とか環境問題は大切だって分かるけど、もっと自由に選べる方が楽しくない？

山本先生　高校の場合は「総合的な探究の時間」だね。テーマ設定の方法は学校の状況にもよるんだろうね。例えば、探究以外の授業が一斉教授型で先生が一方的に教えていたら、探究の時間だけ自由にテーマを決めてって言われても難しいと思う。
習君の場合、探究以外の授業でも自分で学び方を決めるんだよね？　少しずつ、自分で決めることに慣れていけば、テーマも決められるようになるよ。

習君　なるほど。だから、先生に「どんなテーマにしたらいいですか」って聞いても「どんなテーマでもいいんだよ」としか言ってくれないんですね。発表の日は決まっているから、そんなに悩んでいられなくて、友達のまねを……。

山本先生　僕が習君の担任でも、そう答えたな。例えば「君はゲームが好きなんだから、ゲームをテーマにしたら」なんて言ったら、先生に決められたテーマを調べるってことになって、「やらされている」学びになっちゃうからね。主体的な学びにならない。友達のテーマをまねするってことも、自分で決めたんだから価値がある。

習君　テーマがゲームなんてアリですか？　勉強っぽくないのに。

山本先生　僕の教え子に、ゲームの攻略法をヒントに社会課題を解決するアイデアを探究している子がいるよ。

習君　好きなことが社会課題につながるんですね。今回の僕のテーマは、「プラスチックごみの行き先」っていう、まぁ普通な感じなんです。でも、攻略法かぁ。そういうのなら、もっと面白く取り組めそうです。友達も大体似たようなものなんですけど、一人、「秘密」って言って教えてくれない子がいるんです。でも、すっごく楽しそうに調べ物してて、何か面白いテーマを設定してそうなんですよね。そういうのを思い付く感性？　うらやましいです。

お姉さん　そういう子、いるよね。くだらないことも含めていろいろなことを知っていて、考え方とか物の見方が面白い子。目の付けどころが違うっていうか、視野が広いっていうか。

山本先生　そういう子は興味関心の範囲が広いんだろうね。確かに面白いけど、それに比べて習君がダメってわけじゃない。実際、「何がやりたい？」って聞かれたことが少なかったんじゃないかな。自分の興味関心って何だろうって、学校や塾の勉強が忙しい子はなかなか考えないし。だから、今から「自分のやりたいことは何だろう」って考え始めればいいよ。

手始めには、新聞を読むことをお勧めするよ。新聞には、政治経済からスポーツ、エンタメまで、最新情報が一通り載っているでしょう？　興味を引かれるものが見つかるんじゃないかな。ただし、興味があるニュースも、ないニュースも、一応、全部に目を通しておくこと！　そうやって情報を蓄えていくことで、視野が広がっていくからね。

習君　ネットニュースを見るのではダメですか？

山本先生　ネットニュースだと、検索傾向なんかによって表示されるニュースに偏りが出るでしょう。今時点での興味関心に左右されずに、さまざまなニュースに触れるにはやっぱり新聞がいいと思う。あとは、そうだな……動画アプリで流れてきた動画をきっかけに、過疎化が進む地域で、団地の空き部屋を活用してカフェをつくりたいって言いだした生徒もいたね。動画アプリで流れてくる動画には有害なものもあるし、中毒性の心配もあるけど、有益な情報、自分の関心を広げてくれそうな情報には敏感になってほしいな。

お姉さん　ツールをうまく選んで、偏りなく、いろいろな情報に触れていくことが大切ってことですね。

山本先生　そう。いろいろな情報に触れて視野が広くなると、当然、興味関心の範囲も広くなる。そして、できれば「何でそうなったんだろう」「どうしたらこれを防げたかな」なんて「問い」を立てながらニュースを読むこと。課題を見つけ、解決の方策を考える力を鍛えることにつながるし、それが、そのまま「総合的な学習の時間」のテーマになるかもしれないよ。

Q 家だと、なかなか勉強しようっていう気持ちになれません。集中力も持たなくて……。どうしたらモチベーションを上げて、勉強に集中できますか？

A **やる気が出なくても勉強する準備は整えておくこと。そして、自分が集中できる時間内で、できる勉強を積み重ねていきましょう。**

もっと教えて！

習君　受験が終わって中学校に入って、基本的に宿題がないってことになったら、家で勉強しなくなっちゃったんです。成績が下がっちゃって、さすがにまずいなって思って、最近、勉強する時間を決めて机に向かうようにしているんですけど、やる気が出ないっていうか、集中力が続かないっていうか……。

山本先生　家の中には気になるものがたくさんあるから、難しいよね。それでも、時間を決めて机に向かっているんだから、えらいよ。

習君　でも、勉強に集中できてはいませんよ？

山本先生　お母さんに強制されて机に向かっているわけじゃないでしょう？　自分で決めて行動していることがすごいんだよ。本来、学校での学びは学校にいる間に完結させて、家では興味関心に従った夢中になれるような学びをするのが理想だけど、学校での学びが遅れたりすると、家でも勉強する必要がでてくるよね。
まずは、それぞれの教科を学ぶ目的を考えてごらん。テストなどの近い未来のことでもいいし、将来につながる大きな目的でもいい。それから、もう一つ。勉強していて気が散る誘惑はない？　お母さんは君がスマホばっかり見てるって心配していたけど、スマホはどうしているの？　気にならない？

習君　気になります！　だから、勉強時間になったら電源切るようにしました。それで、教科書とか問題集とかノートを机に出して、取り組むんですけど、30分くらいで飽きちゃうんです。15分持たない時もあります。お姉ちゃんは、好きな教科なら1時間くらいはすぐだって言うけど、僕は好きな教科でも無理だと思う。数学の問題を解いていても、急に国語の授業の内容を思い出しちゃって、そっちが気になったりすることもあります。それに、やっぱりスマホも気になる。

山本先生　集中力がどれだけ続くかは人によって違うから、お姉さんと比べることはないよ。30分集中できるなら、その時間内でできることをすればいいんだよ。例えば、最初の30分で英語の課題文の英単語を調べて、音読する。30分たったら、国語の課題に切り替える。30分単位でできることを考えて、組み合わせていくのはどうかな？

習君　やることが変わると気分が変わるから、1時間同じ教科を勉強するより集中しやすそうです。

山本先生　間に5分くらい休憩を入れて気分をリフレッシュさせるのもいいね。飽きてきて、集中力が切れてきたら、別の勉強に切り替える。飽きるというのは、脳が嫌がっている状態だから、別のことをすればいいんだ。

習君　自分の脳をだます感じ？

山本先生　そう。飽きるのはしょうがないことだけれど、飽きたからってそこでサボってしまったら、その後もう一度、勉強に戻るのは大変だろう。だから、脳をリセットしながら勉強を続ける方が楽なんだよ。そうやって勉強することが習慣になると、勉強時間中にサボることが居心地が悪くなっていくんじゃないかな。

習君　じゃあ、そもそも勉強する気持ちになれない時はどうしたらいいですか？

山本先生　やる気になれなくても、とりあえず勉強道具を整えて、机の前に座ってみること。手の届くところに教科書などを置いて、音読とか、取り組みやすいことから始めちゃうことが大切だよ。とにかく行動してしまえば、脳が活性化するから。

習君　そうやって勉強するって決めた時間には少しでも勉強をするようにしていったら、していないと、落ち着かなくなるかもしれないですね。

山本先生　勉強する部屋を勉強モードに模様替えをするのも手だよ。その時のポイントは、椅子に座った時、勉強関連のものを手の届く所に、ゲームなど誘惑の強いものは手の届かない所に置くことだね。そういえば、電源を切っていてもスマホが気になるって言うけど、誘惑に負けることはある？

習君　そうですね。一旦は電源を切ったけど、直前まで友達とチャットで盛り上がっていた時は……誘惑に負けました。友達の中には、スマホが手元にないと、かえって気になって集中できないっていう子もいます。

山本先生　ゲームやSNSの誘惑に負ける確率が高いなら、勉強する少し前からスマホを切る、遠ざけるのがベストかもしれないね。勉強前に気分の上がる音楽を聴くといったルーティンを入れてもいいね。

ただ、今、YouTubeなんかには勉強系の動画もたくさん公開されているんだよ。スマホが手元にないと落ち着かないタイプなら、むしろこうした動画視聴などで積極的にスマホを活用して勉強するのもいいかもしれない。

習君　僕は手元にあると、ゲームやSNSの誘惑に負けるから、そういったゲームとかを入れていないタブレットから視聴してみようかな。

山本先生　いいね。勉強用のタブレットを持つことも一つの方法だね。教科書内容を分かりやすく解説してくれているものも多くて、お勧めだよ。スマホやタブレットは勉強にも活用できる便利なものだから、これらにコントロールされるのではなく、自分が成長するために利用するっていう意識が大切だよ。

Q 効率よくテストの点などの学力を上げていくための学び方ってありますか？

A **「教科書や参考書を読んでから問題を解く」という流れが一般的だと思います。その流れを反対にしてみましょう。**

もっと教えて！

お姉さん　自宅学習の時間は1日2時間くらいです。その日の授業範囲の問題集を解いたり、教科書の次の授業範囲部分を読んで演習問題を解いておく感じで取り組んでいます。部活もあるので、これ以上時間が取れそうもないのですが、もっと効率的な学び方はありませんか？

山本先生　僕は学びをいつもジグソーパズルに例えているんだよね。ジグソーパズルには、端から埋めていくピースといろんな所に点々と置いていくピースがあるでしょう？　教科書の学びやテストに向けた学びは前者、探究のように何に役立つかはっきりしない学びは後者のイメージだね。律さんの今の質問は、テスト向けの学びをより効率的に「理解できる範囲を広げ、解ける問題を増やす」には、どうすればいいかということだよね？　それなら、教科書や参考書を読んで問題を解くという一般的な勉強の流れを逆転させてみたらどうかな。

お姉さん　問題を解いてから教科書や参考書を読むんですか？　何だか変な感じです。間違いだらけになりそうです。

山本先生　問題を解くことが目的なら、問題を解くために何をどうやって学べばいいかを先に理解した方が効率的。英検3級に挑戦したいなら、まずは実際に試験を受けちゃってもいい。

お姉さん　いきなりですか？

山本先生　そう。実際にテストを受けちゃえば、どんな問題が出題されるかを知ることができるし、結果から必要な学びも分かるよね。

お姉さん　なるほど。今までは参考書から始めてましたけど、参考書には試験に出ないような問題も確かにありました。

山本先生　英検の場合、検定料がもったいないなら過去問でも十分。解けなかった問題は理解できていない部分だから、自分が分からない部分がはっきりする。その部分に的を絞って対策していけばいいのだから、無駄がなく効率的な勉強になるよ。まずは、「やってみよう」と思う部分から問題を解いていこう。間違いだらけでも気にすることはないよ。学習していない部分の問題なら当然だし、一度授業を受けた部分でも、理解が不十分なら間違うことはもちろんある。間違った問題やよく理解できなかった問題の解説を読んで、それでも分からなければ教科書や参考書で調べる、というのは効率的でしょう？

習君　授業ではやっていないけど、その問題の答えが分かって正解っていう場合は？教科書に戻らなくていいの？

山本先生　まぐれ当たりの正解ではなく、本当に問題を理解して答えられたってことだよね？　だとしたら、授業でやっていなくても自分にとっては「勉強済み」ってことにしていいと思う。優先順位を考えて時間とエネルギーは、まだ知らないこと、分からないことを学ぶことに使おう。

家で机に向かって勉強する時間を短くできるよう、授業中に集中力を総動員して、できるだけ理解を深めておくことも大切だよ。

習君　大人になれば分からないことが少なくなるから、勉強する時間もちょっとか、まったくなくてもよくなるんでしょうね、いいなぁ。

山本先生　社会はどんどん変化していっているんだから、大人だって勉強しないわけにはいかないよ。ただ、自由になる時間が学生より限られる分、自分に合った効率の良い学び方を取り入れている人は多いかもしれないね。

例えば僕の場合、英語学習の一環として英字新聞を読んでいるんだけど、まずは見出しや写真を見て、記事の大まかな内容を把握するようにしているよ。次に、記事の最後までざっと目を通し、その後、分からないところを部分的に辞書で調べる。少しくらい理解が曖昧な部分があってもスルーしちゃう。

お姉さん　英文読解をする時は、最初から分からない単語を一つずつ調べながら読んでました。

山本先生　語彙を増やすためには、分からない単語を調べるのも大切だよ。でも、内容がざっくり理解できればば十分な時もあるよね。目的を意識して、自分に必要な学び方を選ぶことだよ。

習君　英文を速く読むのは無理だけど、時短術ってことなら、動画は基本、倍速で見てます。結構、時短になりますよ。

山本先生　その動画って、君に前に紹介した勉強動画のことかな？　最近は教科書の解説動画や学習動画を、いろいろな人が公開しているよね。10分から30分程度の短い時間で分かりやすく要点がまとめられていたり、アニメーションを使って解説していたり、よく工夫された動画も結構ある。ほとんどの学年、教科・領域が網羅されているから、これを活用しない手はないと思う。あぁ、もちろん無理に倍速で見る必要はないよ。自分が視聴しやすいスピードでね。

自分に合った学習方法・学習教材が見つかると、学びは効率的になる。動画視聴以外の、僕のお勧めの学習方法をいくつか紹介するから、ぜひ試してみてね。

描く。言葉以外で授業内容、分かったことを表現します。誰かに伝える、説明すると思って描くこと。「分かりやすい」表現を意識します。

③分かったことを言葉に変えて簡潔に説明する。分かったことを今度は言葉でまとめます。できるだけ5W1H(いつ、どこで、誰が、何を、なぜ、どうした)に従うと、簡潔にまとまります。

④最初の「問い」の答えをまとめる。こちらも5W1Hでまとめると、分かりやすい文章になります。

空欄があると、人は心理的に、そこを埋めずにいられないと聞いたことがあります。「1」の問いの部分が空欄になっていると、問いを立てて書き入れたくなる。「4」の答えのスペースが空いていると、できるだけ早く答えを書きたいと思うようになる。そして、問いと答えをつなぐ「2」「3」の2つの説明スペースに空白が目立つようなら、そこにもっと情報を付け加えたくなるでしょう。

そうした心理的な特性も活用したノート術です。

調べて分かったこと、学んだことを誰かに説明していくと、そのプロセスにおいて情報が脳に定着し、忘れにくくなるそうです。学びはアウトプットして初めて身に付くものなのです。

授業中に誰かに説明する時間は、なかなかないでしょうから、授業後に家族や友達を相手に説明して聞いてもらう、というのもいいと思います。誰かに説明するんだと思ってノートをつくっていけば、情報満載の分かりやすいものになるでしょう。家族を相手にする場合、家族間の自然なコミュニケーションにつながります。

「魔法のノート」は、先生が一方的に講義するような一斉教授型の授業で取り組むこともできます。講義の中から、自分で「問い」を見つけ、分かったこと、導き出した答えをまとめていくのです。授業中に時間がなければ、「問い」を書き出しておくだけでもいいでしょう。家に帰ってから、「問い」について調べてまとめていけば、学びはグっと主体的で面白いものになりますよ。

山本先生 おススメ学習法 1 魔法のノート

自律型学習者になるために、お勧めしたいノートの使い方があります。この使い方をすることで、自然と自律型学習者になれるので、僕は「魔法のノート」と呼んでいます。難しいことは何もありません。ノートを次のように区切って使うようにするだけです。

1　ノートは見開き２ページを４分割して使う
2　左ページの上半分は、問いを書くスペース
3　左ページの下半分は、理解したことを図や絵で描くためのスペース
4　右ページの上半分は、理解したことを言葉で要約して書き入れるためのスペース
5　右ページの下半分は、問いの答えと自分の意見を要約して書くためのスペース

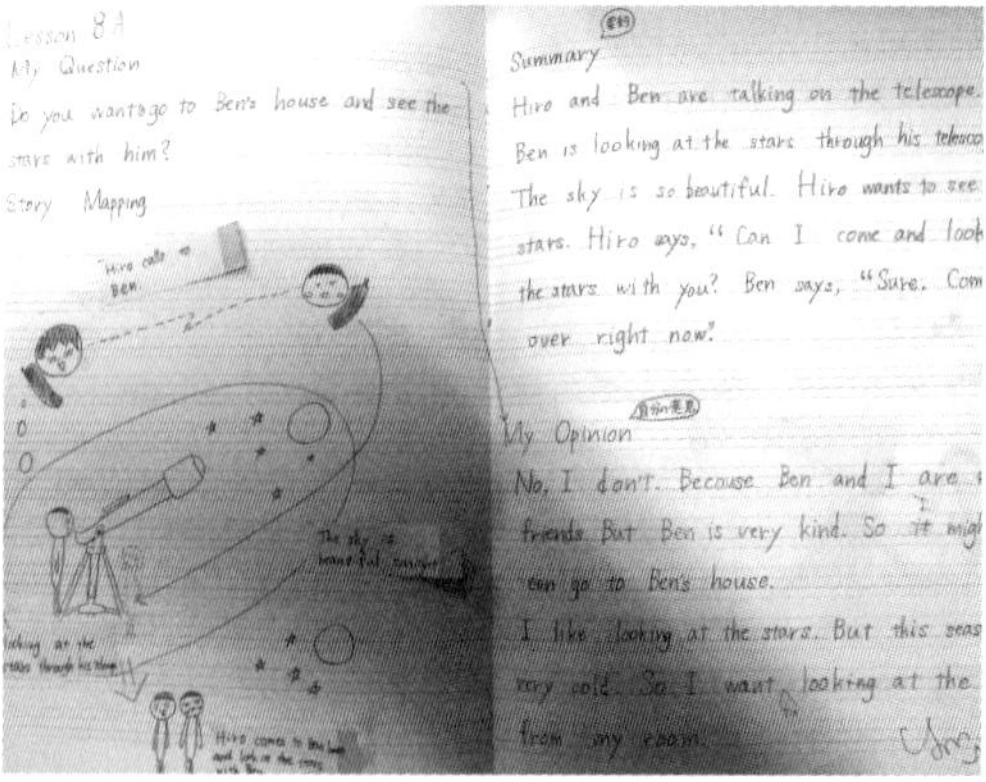

ノートの例

つまり、授業を受けながら、下記の作業を行うということです。

①自分なりの「問い」を考えて書く。または、先生からの問いを書く。教科書内容についての問いでもいいですし、英単語や歴史用語など教科に関する知識についての問いでもいいです。授業中に気になったこと、疑問点などでももちろん OK。

②先生の解説や実験、観察など授業を通して分かったことを図や絵にして

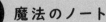

山本先生　おススメ学習法

2　音読のススメ

自宅で教科書を使って勉強する時は、黙読ではなく音読すること。これが思いの外大きな効果を発揮します。文章を声に出して読み上げると、目と耳から情報が入るので、脳がキャッチしやすくなるのです。

教科書を手に持ち、椅子から立ち上がって、部屋の中をぐるぐる歩き回りながら音読するのもお勧めです。体を動かすことで、脳はいよいよ活性化され、だんだんノッてきます。

できれば、ただ読み上げるだけでなく、感情を込めて、人に教えるように音読してみてください。先生になったつもりで「はい、聞いてください」なんて、呼び掛けを挟みつつ読んでいくといいです。

誰かに対して分かりやすいように、聞き取りやすいように読み上げるためには、書いてある内容を理解しながら読む必要がありますから、深い理解につながります。

僕も学生の頃は、よく英語の長文を音読しました。

意味がよく分からない単語があってもいちいち調べたりせず、ぼんやりとながらも意味を推測しながら音読していると、不思議なことに、全体の内容がざっくりつかめてきたりしました。

黙読を音読に変えるという単純な変更だけで、不思議な効果が表れることもあるのです。

英語だけではなく、どの科目も、誰かに聞いてもらうことを意識して音読をすることで理解が進みます。

何度か繰り返し音読をした後に、教科書や参考書を閉じて、さっきまで音読していた内容をどれくらい説明できるか確認する、ということもやってみるといいですね。知識の定着具合が分かります。

すぐに、手軽に取り入れられる、お勧めの学習法の一つです。

山本先生 おススメ学習法 3 フセン活用のススメ

間違った部分や気になる部分にパッと貼ってマークができるフセン。便利で身近なこの文房具を使って学習効果を高める方法をご紹介します。

学びの理解度を「見える化」する

単語帳や参考書、問題集にフセンを貼って、知識の定着や理解の程度を見えるようにする方法です

1 覚えられない単語、解けなかった問題の横に、フセンをはみ出るように貼る

2 （チェックして）覚えた単語、（解き直して）解けるようになった問題に貼ってあったフセンは引っ込めておく（はがすのではなく、本からはみ出ないように貼り直す）

◎ 覚えた単語、解けた問題でも、忘れたり、解けなくなった場合には、またはみ出るように貼り直す

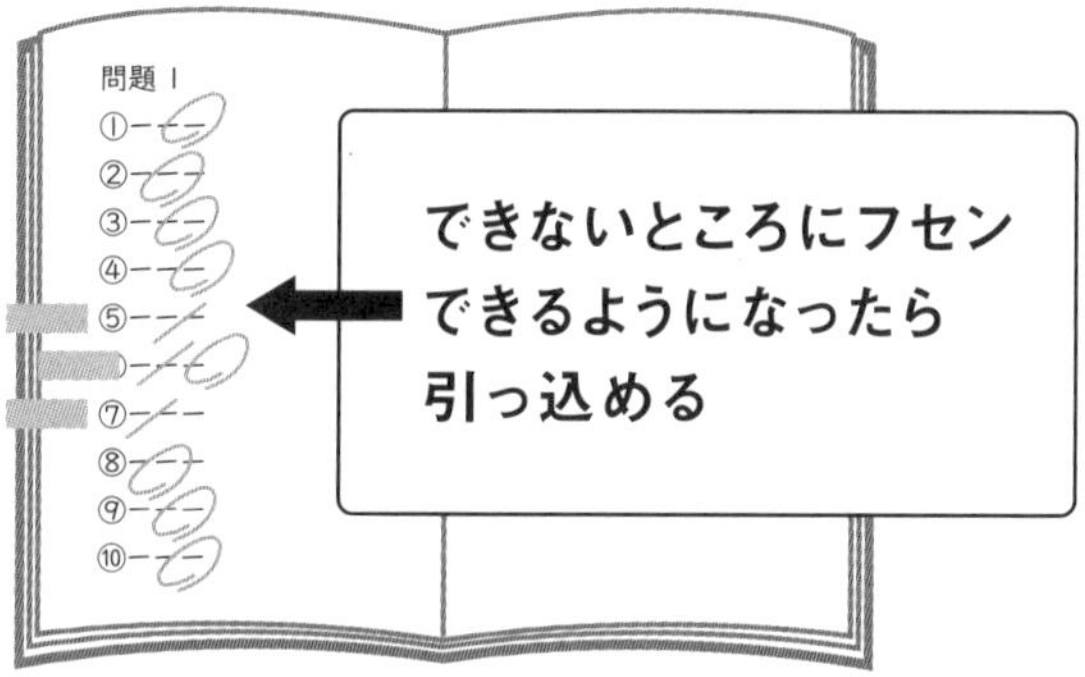

こうしておくと、学びの理解度・定着具合が目で見て分かります。テスト前にはフセンがはみ出している部分を重点的に対策できるので効率的です。やるべきことをフセンに書き出しておき、「やったこと」「やっていないこと」に分類したり、さらに優先順位によって分類したり、フセンはいろいろな使い方ができます。ぜひ活用してみてください。

COLUMN

勉強が続かない子どものために

「さあやるぞ」と思ったように見えた子どもが、スマホを見始めたり、漫画を手に取ったりする姿を見て心配になることはありませんか。やりたいことを「先延ばし」にしたり、始めたことが続かず「三日坊主」になったりするのは大人でも同じです。

僕は「先延ばし」「三日坊主」を防ぐために、さまざまな方法を試してみました。本編でも触れましたが、大切なので、改めてまとめておきます。

① 自分を責めない ～脳の仕組みを理解する

一般的に、脳は新しいことや異質なことを始める時、多くのエネルギーを使うと言われています。ですから、新しいことをやろうとする時、脳がストップをかけるのは当然なのです。自分の意志が弱いからではないと理解し、自分を責めないことが大切です。

② まずはやってみる ～環境を整える

脳が嫌がることを習慣にするには「三日坊主」を繰り返せばいいのです。まずは「やってみる」ハードルを下げる工夫をするのがお勧めです。例えば、勉強する環境。スマホや漫画など誘惑の強いものは手の届かない所に置き、参考書など習慣化させたいものを手の届く場所に置く。この観点で、机周りを整理します。めちゃくちゃ座りやすい椅子を購入するのもいいでしょう。まずは何かを手に取り、音読など取り組みやすい勉強から始めます。

③ 分割する

始めることができても集中力が続かないことも多いと思います。神経科学の分野では人の集中力（神経科学では「集中力」ではなく「注意」を用いるのが一般的）が持続するのは15分程度と言われています。もちろん、気分が乗ってきたら長い時間も集中して勉強できると思いますが、習慣化するまでは15～20分くらいに分割して、間に5分程度の休憩を入れることをお勧めします。

これらを「やりなさい」ではなく、まずご自身が実践してみて、「私はこうしてみたけど、一緒にやってみない？」とモデルを示すことから始めてみてください。一緒に勉強する環境を整えたりすることから楽しんでいけるといいでしょう。

CHAPTER 5

なりたい自分を見つける子どもの自律を支える

将来の夢や、やりたいことを子どもたちに聞いてみたお父さんお母さん。息子・習君は、ゲームやプログラミングなどをもっと知りたい、娘・律さんは行きたい大学、学びたい分野があると言う。けれども二人とも、社会の中で、生き生きと働いている自分の姿が見えなさそう。

宿題がなかったり、授業をサボっても叱られなかったり、小学校とは全然違う中学校に、正直、最初、息子は戸惑っている様子だった。でも1学期の成績と、夏休みの育（お母さん）の激怒でちょっと目が覚めたらしい。目の前に広げられた3学期の成績を見ても、息子の頑張りは明らかだ。

「僕、頑張ったなぁ」

「にやにや成績見ちゃって。まぁ本当に頑張ったじゃない。計画通り勉強を進められるようになったんだから、大進歩だ」

娘が息子を上から目線で褒めている。成績表は数字だけを評価せず、子どもの学びの過程や成長を評価する。子どもが自分の勉強を振り返って今後に生かせるような言葉を掛けることが大切。でも、やっぱり評価が良いと安心してしまう。成績表を見ている育の表情も柔らかい。

「律は英語をずいぶん頑張ったね。やっぱり配信ドラマの影響？」

「そうかも。字幕なしで見たくなって勉強したし、リスニングの勉強代わりに聞き流したりしてたから。もっと英語が分かるようになりたいなぁ」

アメリカの配信ドラマにハマって以降、娘の英語熱は相当、高い。進路希望では、大学は英語学科のあるところを受験したいとも言っている。

「律は英語でどんな仕事をしたいんだ？」

「えっ**仕事？　英語でする仕事……。まだちょっと考えてない**かも」

予想外の返答だ。とっかかりはドラマだとしても、将来の仕事にもつながるから英語を学べる英語学科を志望しているんじゃないのか？　典型的な長女気質でしっかり者の娘。今春から高3になるのだし、**将来を見据えた進路選択を考えているものと思っていた。**会話が途切れ微妙な空気になりそうなのを察した息子が姉をフォローするようにしゃべり出した。

「**勉強って仕事につながらないとダメなの？**　じゃあゲーマーになりたい僕は？　学校の勉強ってつながるかな？」

「ゲーマー？　何それ？　ゲームを仕事にしたいの⁈」

息子は、探究のテーマにゲームを設定したという。趣味を探究のテーマにしていいいと分かってから、ゲームについてアレコレ深掘りするのが楽しくなっているらしいと育から聞いていた。

「サッカー選手は諦めたの？」

「そんな夢みたいなことは言わないよ。さすがに自分の実力くらい分かってるって」

小学生時代、将来の夢はサッカー選手と言っていたことを娘が茶化す。親の欲目で見ても息子はサッカーがうまいとは言えなかった。ちょっと切なくはあるが、自分の実力を知るのは悪いことじゃない。しかし、ゲーマーときたか。それは、スポーツ選手と変わらないんじゃないか。同じことを思ったらしい娘が茶化しだした。

「ゲーマーもサッカー選手と同レベルの『夢みたいな』将来の夢に思えるけど」

「え〜サッカーより現実的だよ。僕、ゲームなら絶対伸びしろある！」

話を合わせている娘は苦笑いだ。息子本人も冗談めかしてはいるが、あの顔は結構、本気っぽい気がする。息子はまだ中1、春になっても中2だ。**夢みたいな将来の夢を**語っていてもいいと思うが……できれば**経済的に安定した仕事を考えてほしい**。

「そもそもゲーマーって仕事？　**生活できる程度のお金が稼げないとダメ**でしょ」

「仕事だよ！　大会とか出て優勝すれば結構、お金もらえるんだよ。うまくなれば企業とスポンサー契約も結べるし」

「スポーツ選手と同じじゃない！」


姉弟は笑いながら話し続けている。育が、こそっと耳打ちしてきた。

「今のうちに、ゲーマーを**仕事にするのは難しいってやんわり伝えた方がいい？**」

「難しいってことは習も知っているだろう。ちょっと心配だけど、そのうち変わる子どもの夢ってことで、聞き流しておいていいんじゃないか？」

「そうね。それにしても律は意外だったね。真面目な子だから、将来について何も考えていないってことはないと思うけど、もうすぐ高3だし、ちょっと心配」

「**働くってことをイメージできていない**のかもね。どうしたもんか……」


ゲーマー発言に驚いて答えを出さずに聞き流したけど、「**勉強って仕事につながらないとダメなの**」っていうのも多分、息子の本気の疑問だ。つまり、**何のために勉強するか**ってことだよなぁ。実際、学校の勉強には仕事に直結しないものもあるしなぁ。いやどう説明したものか。

Q やりたいことや目的が見つからず、将来設計ができていなさそうです。親が手助けできることはありますか？

A **子どもをせかさず、見守ってください。将来への迷いや不安を話し合えるような、温かい家庭環境、親子関係を心掛けましょう。**

もっと教えて！

お父さん　うちの子どもたちは、「ちょっと興味のあること」はあるみたいですが、将来につながるほどの興味関心のあるものがなさそうです。夢中になれるものに出合えればいいのですが……。

山本先生　将来の夢がはっきりしている子や、夢中になれるものがある子がいる一方、どちらもないという子もいます。親としては、何もやりたいことがなさそうな様子だと、不安になりますよね。でも、将来何になりたいか分からないという中高生は、決して少なくありません。むしろ普通かもしれません。僕だって「これから

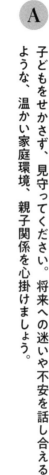

の目標は何ですか？」と聞かれても即答できませんから。ですから、「熱中するものや目標がなくたっていいんだよ」と言ってあげれば安心すると思います。

夢中になれるものや目標があることは、もちろんステキなことです。でも、人生100年時代の今、その熱意や目標が一生続くとは限りません。途中で変わっていく方が自然です。ですから、「ちょっと興味のあること」がいくつもあって、いろいろ試しながら楽しんでいこうという姿勢の方が、無理がなくていいと思います。「やってみたい」と思うこと、「やってみよう」と手を出してみることだけでも、十分価値があります。

お母さん　息子の場合、ゲームやSNS以外となると「ちょっと興味のあること」を見つけるのも難しいみたいで……。「総合的な学習の時間」で、自由に設定できる探究テーマも最初は決められなくて、友達のまねをしたみたいですし、次に自分で決めたテーマはゲームです。

山本先生　その相談、前に息子さんから受けました。自分の興味関心を探る手段として新聞を読むことをお勧めしておきましたよ。

探究テーマが決められないというのは、息子さんに限ったことではありません。僕は、そういう授業の時には最初に「テーマが決められなくても、自分はダメだなんて思う必要はないよ」ということを伝えるようにしています。息子さんのように友達のテーマに乗っかってみるのもアリです。

お母さん　自分で考えたテーマでなくてもいいんでしょうか。

山本先生　いいんです。むしろ、同じテーマにした友達と話し合うことで、気になる何かが見つかるかもしれません。一人でじっと考えていても、浮かぶアイデアは限られます。人と話をすることで刺激を受け、何かをひらめくことは多いですよね。

将来設計についても同じでしょう。今は何もなくても、これからいろいろな人と関わっていく中で「ちょっと興味のあること」が増えていけば、自然と見えてくるのではないでしょうか。

お母さん　確かに、会話から気付かされることは多いです。勉強と一緒で、やっぱり親は子どもの目標や将来設計にあまり干渉しない方がいいものなんですよね？

山本先生　そうですね。子どもが考えた目標や将来設計に対して、親が「こうあってほしい」という願望や欲を示さない方がいいと思います。ただ、一人の大人として意見を伝えることはあってもいいと思います。でも、私たちが今している社会での経験が、お子さんの時代に通じない可能性があることは心に留めていなければいけませんね。親子の会話の中で、ご自身のお仕事の話も自然にできるといいと思います。

お父さん　言われてみれば自分自身、「ちょっと興味のあること」からの選択を繰り返してきたように思います。「どんな目標を持って生きてきたのか」「これからの人生目標は何だ」なんて問われたら、すぐには答えられませんね。

山本先生　そういうことを、ぜひ親子の会話の中で伝えてあげてください。親に必要なのは、子どもが目標や将来設計についての迷いや自信のなさを打ち明けられるような家庭の環境、安心感のある親子関係を築くことだと思います。

そして、子どもと会話をする際は、上から目線にならず、対等な立場で話してください。子どもに自分のことについて話してほしいなら、親が自分について話すことも大切です。

自分はどんなものが好きなのか、どうしてそれが好きなのかを子どもに話してあげるのもいいです。その上で子どもにも質問するんです。「好きなことは何？」「何がきっかけで好きになったの？」「その『好きなこと』で誰かを笑顔にできたらステキだね。どんなことができる？」……。「ちょっと興味のあること」が、もっと好きな「目標」に変わるきっかけになるかもしれません。

Q 到底実現できなそうな将来の夢を語ることがあります。軌道修正させるべきでしょうか？

A **どんな夢でも否定せず、肯定的に聴いてあげましょう。**

もっと教えて！

お母さん　ゲーム好きな息子は、最近「将来はゲーマーになるのもいいかな」と言っています。憧れているだけだとは思いますが、「そう簡単なものではない」とくぎを刺しておいた方がいいでしょうか？

山本先生　大きな夢を語れることは素晴らしいことだと思いますよ。どんな夢でも否定するのはよくありません。

例えば、子どもが「医者になりたい」と夢を語ったとします。でも現実的に考えた時、「学費がかかりすぎる」「医学部入試は難しい」など、夢を否定せざるを得ない理由が見えてくることもあります。そうした時でも、すぐに「無理だよ」としてしまうのではなく、その夢を目指す理由＝志に注目してください。志が「病気の子どもを救うこと」だとしたら、薬剤師や病院スタッフ、医療行政職などでもかなえることができます。

理想の職業に就くことがかなわないとしても、志を消す必要はないのです。志をかなえる手段は一つではないということを伝えるのは大人の役目です。

お父さん　医者になりたいという子が、薬剤師を勧められて納得するでしょうか？

山本先生　こちらから勧めてしまったら納得しないでしょう。自分で自分に「なぜ医者になりたいか」を問い、志が見えてきた時に、選択肢が広がり、自分で薬剤師という職業にたどり着くストーリーが大切です。

お母さん　例えばミュージシャンになりたい、なんていう夢の場合は？　志をかなえる手段は別にあるかもしれませんが、夢そのものがかなう確率はかなり低いですよね？　そういう夢の場合も、否定的なことを言うのはＮＧですか？

山本先生　はい。否定するのはよくありません。志同様、夢を実現する方法も一つではないと思います。プロのミュージシャンとして音楽活動だけで生計を立てていくのは確かに難しいかもしれませんが、他に生活を支えられる収入があればどうでしょう？　今は、誰でもYouTubeやTikTokなどを通して自分の音楽を配信することができます。どれだけの人に聴いてもらえるかは実力によるのでしょうけど、少しでもファンがついてコメントが来たら、嬉しいでしょう。会社員として勤務しつつミュージシャンとしても活動する。そういう形で夢を実現させるのも、ステキなことではないですか？

お母さん　そうですね。そういう夢のかなえ方もあるということは、子どもに伝えたいですね。

山本先生　息子さんたちには伝えたことですが、今、日本社会では終身雇用制度が崩れてきています。転職は当たり前になってきていますし、副業を認める会社も増えてきています。ですから僕は、子どもたちには「ちょっと興味のあること」には何でも挑戦して、関心のある分野を複数つくっておくことを勧めています。興味関心のある分野が複数あれば、転職にも副業にもつながります。

お父さん　映画監督になりたいとか作家になりたいとか、そういう夢を「食っていけないから」諦めたっていう話はよく聞きますが、今は、会社で働きながらショートムービーを撮ってSNSで公開したり、電子書籍で小説を発表している人もいますね。

山本先生　夢を本業として成功させることを追究する道もありますが、副業として夢を追うこともできる、複数の仕事を持ってパラレルに働く生き方もあるということを伝えてあげてください。

お母さん　息子の「ゲーマーになりたい」っていうのは、それほど本気の夢とは思えないのですが、真剣に話に付き合う必要はありますか？

山本先生　子どもの夢ははやりに影響されていることもありますからね。成長するに従って、夢がどんどん変わっていくこともありますよね。

でも、子どもが「こうなりたい」という気持ちを伝えてくれたら、「また続かないんじゃないの？」とばかにしたりせず、肯定的に受け止めてください。親は自分の話を何度でも聞いてくれると感じた子どもは、もっと話すようになります。その中で、応援されれば本気になっていきます。逆に、何を言っても否定されたり、ばかにされたりすると感じれば、何も話さなくなります。本気にもなりません。子どもが家で話をしなくなる理由の一つです。

お母さん　前にも、子どもが話さなくなるには理由があるっておっしゃってましたね？

山本先生　はい。脅しじゃないんですが、ちょっと怖い話をしましょう。

子どものやりたいことを否定し続け、ずっと親の願いを押し付けていたら、お子さんが成人してから親のところに戻ってこなくなったって例をいくつか見てきました。子育ては、今だけではありません。お子さんと、どんなふうにより良い人生を歩んでいくかです。

肯定的に子どもの話を聞くことで、親や家庭が、子どもにとって心理的安全性の高いものになり、お子さんとの人生をより良いものにしていく視点が大切です。

Q

経済的に安定した仕事に就いて、幸せに暮らしてほしい。そんな願いを子どもに伝えるのは、よくないのでしょうか？

A

どんな大企業でも傾くことはあります。変化していくこれからの社会では、困難に直面した時、自分で考え行動する力があることこそが、経済的に強く生きていくことにつながるのではないでしょうか。

もっと教えて！

お父さん　どんな夢でも応援してあげたい気持ちはありますし、複数の仕事を掛け持ちしていた方が、もしもの時のセーフティーネットになるとも思います。一方で、やっぱり安定した職に就いてほしいという気持ちもあるんです。

山本先生　安定した仕事というと公務員でしょうか。ある生命保険会社が行った調査で、「将来子どもに就いてほしい職業」1位は男女共に公務員でした。理由の多くは「安定している職業だから」です。

子どもに経済的に安定した職に就いてほしいという気持ちは、よく分かります。

でも、その願い自体、「社会や組織に安定した生活を与えてもらう」という依存したものです。また親の願いが強いと、子どもの自己決定の場面を奪ってしまいがちです。つまり、「安定した仕事に就いてほしい」そのために「有名大学に行ってほしい」「●●を勉強して資格を取得してほしい」……願いがどんどん連なっていってしまうんです。すると、日常生活においても「●●しなさい」「●●した方がいい」などと指示したり、否定したりする場面が増えてしまいます。

お母さん　親に否定されているように感じてしまうんですね。変化の激しい社会で、どうしたらわが子の生活が守れるかを考えているだけなんですけどね。

山本先生　お父さんお母さん、子育てしていく上で、一番大切にしたいこと、最上位目標は何ですか？

お母さん　親元を離れても、幸せに生きていけるようにすること、でしょうか。

山本先生　そうですよね。僕も保護者会などで「子育ての最上位目標は、変化の激しい社会にあって自律して幸せに生きていく力を育むこと」だって話しています。自律して幸せに生きていくために、何を学ぶか、どういう働き方をするかは、一人ひとりが自由に決めていくものです。

高校↓大学↓就職という一本道を真っすぐ歩むのではなく、脇道にそれて遊んだり旅をしたりする時期があってもいいし、就職してから大学に進んでもいい。必要なら転職してもいい。自分にとって一番良いと思う道を自分で選んで進んでいくことが、自律して幸せに生きるということだと思っています。

安定を求めて、働く環境・生きる道筋をがちがちに固めてしまうと、むしろ変化の大きい社会に対応できないことになってしまうのではと思います。

お父さん　試行錯誤しながら、自分をアップデートしていくのは必要なことだと思います。心配なのは、子どもが望む道を歩んでいった結果、親がサポートできる間に、経済的に自立できるのかという点でしょうか。中年の引きこもりを親が年金で支えている、なんてニュースもありますから。

山本先生　そういうニュースを見るたび、子どもを手放し、自律させることの重要さを改めて感じます。子どもをサポートしてあげたい、守ってあげたいという親の気持ちは分かります。でも、守ってあげたいばかりに、子どもたちから自身で考えて決める機会を奪っていたら、自律は遠のきます。親の指示に従い、依存することに慣れてしまったら、経済的に自立できない事態も起こり得ます。

親は、子どもをどうサポートするかということよりも、どう手放すかを考えることが必要かもしれません。手放す方が難しいでしょうから。

お父さん　そうですね。子どもが大学に入ったら、経済面も含めてできるだけ自立させる、くらいの感覚でいればいいでしょうか？

山本先生　大学に入るまで待つ必要はありませんよ。高校生からアルバイトをして金銭感覚を……ということではなく、中高生であっても、勉強の仕方や1日の時間の使い方など、何から何まで親が口を出して面倒を見過ぎるのは良くないということです。

乳幼児は大人が面倒を見ないと生きていけません。ですが、小学校中学年、高学年になってくれれば、身の回りのことは自分でできるようになります。中高生にもなれば、大人以上にできることも増えてきます。動画編集や写真加工、ＩＴ関連分野でプロ級の腕を持つ生徒も少なくありません。できることに注目すると、幸せな気持ちにもなりますよね。そこまで成長した子どもたちの力を信じてあげませんか？　必要に応じて支援ができる態勢を整えつつ、子どもたちの自律と自立を信じて見守りましょう。

Q 自律・自立に向けては、「社会に出て働く」ことを意識させる必要があると思います。自分事としてイメージできていない様子の子どもたちに、親ができることはあるでしょうか？

A **いろいろな大人と話す機会をつくってあげましょう。楽しそうに働くかっこいい大人との出会いが、働く自分のイメージづくりにつながります。**

もっと教えて！

お父さん　自分で考えて、決めて、行動できる自律した大人になるためには、社会に出て働くこと、経済的に自立することが欠かせないと考えています。でも、まだうちの子どもたちは、働くということを自分事として考えられていないように感じます。

山本先生　子どもたちは、親や教師以外の働く大人と接する機会があまりありませんから、具体的にイメージしづらいのでしょうね。学校でも、キャリア教育に力を入れるようになってきていますよ。

お母さん　職場体験のことでしょうか。娘は中学生の時に、地元の商店街にあるお花屋さんや銀行に数日、お手伝いに行っていました。楽しそうではありましたが、何かを感じ取ってこられたのかどうかは、微妙なところです。

山本先生　職場体験は全国の中学校で実施されている活動です。職場体験以外でも働く大人に会って話をすることで、働くことの意義を理解すること、進路について主体的に考えさせることなどを目的としてキャリア教育は行われています。いろいろな大人に会って話すというのは、とても良い経験になると思いますが、職場体験は中学3年間で1・2回、数日程度になることが大半なので、アルバイトの疑似体験くらいの感覚で終わってしまうこともよくあるようです。

お父さん　息子の学校では、先端企業や大学の研究室なども職場体験の受け入れ先になっているようで、楽しみにしているようです。

山本先生　いいですね。身近なところで働く大人を知ることも大切ですが、普段接点のないところで働く大人と話すことは、とても良い刺激になると思います。

お母さん　でも職場体験って高校ではあまりないですよね？　娘の高校でも、職場体験は行われないようです。高校生の方が、進路についてより真剣に考え始める時期なのに。

山本先生　卒業後就職する生徒が多い商業高校などでは、インターンなどを実施しているケースも多いみたいですが、進学校では受験勉強が優先されるのかもしれませんね。ただ、高校の教育課程に「総合的な探究の時間」が導入されたことで、この時間を活用して社会課題を探究していくような活動に取り組む学校も増えてきています。生徒が選択した社会課題について、関連する企業にアプローチして解決策を考えたり、企業と協働して何かに取り組んだりしているようですよ。

お母さん　そんな活動をする学校があるんですか、いいですねぇ。でも、娘の学校で、そういう機会があるかどうか……。

山本先生　学校でそうした活動がないのなら、家庭でアレンジするのはどうでしょうか。中高生がまったく何の接点もない大人に会うというのは難しいし危険もあるので、まずは親戚やお父さんお母さんの友達、同僚などに仕事の話を聞いてみることはできませんか？　そこから人づてにいろいろな大人につながることならできるのではないでしょうか。

就職活動でOBOG訪問をして話を聞くのと似た感じです。また、学校外の大人、企業と子どもたちをつなげる取り組みも始まっているようなので、調べてみるといいでしょう。中高生くらいから、いろいろな大人に仕事の話を聞いていけば、進路選択の幅はグッと広がると思います。

お父さん　面白そうですね。早速うちの子どもたちと話してくれそうな知り合いに声を掛けてみます。

山本先生　実は以前、僕のFace bookで、「オンラインでこの時間に子どもと対話してくれる大人いませんか」って募ったことがあるんです。100人ぐらいが集まってくれましたよ。ほぼ1対1で子どものやりたいことや探究のテーマについて助言してくれました。このような大人との対話イベントの企画は、最近よく聞くようになったので、インターネットで調べてみてください。

子どもたちは、親や教師以外の大人が真剣に自分と話してくれたことが、一つの成功体験・自信になったようです。大人の方も、中高生が何を考えているのかなどに触れられて面白かったみたいですよ。

子どもたちが自分の働く姿がイメージできない、何となく不安になってしまうというのは、ロールモデルにしたいステキな大人が見つからないからではないでしょうか。楽しそうに働くステキな大人に出会う機会をつくってあげてください。大人ってかっこいい、楽しそうだなと感じてもらうこと、それが働く自分をイメージするのに一番大切なことだと思います。

Q

「何のために学ぶのか」と子どもたちに問われました。山本先生だったら何て答えますか？

A

学びは「やりたいことをする」「なりたい自分になる」ための手段です。その中に、「誰かの役に立つ」「世の中を良くする」という視点が入ると将来の仕事につながっていきます。

もっと教えて！

お父さん　息子に、学校での学びの目的を問われました。「可能性を広げるため」と答えましたが、納得してくれたかどうか……。「この学びは将来、役に立つのか？」と疑問を感じつつも、「学校では各教科を学ぶものだから」と、何となく勉強している子どもは多いのではないでしょうか。自分自身、教科によっては、そんな感じを持っていました。

山本先生　「微分積分なんて、大人になったら絶対使わない！」とか思っていました？
そういう話はよく聞きますよね。

これは息子さんたちにはお話ししたんですが、就職した会社がロケット設計を手掛けていたことから、自分もやってみたくなって、学生時代はまったく興味のなかった微分積分や三角関数を学び直したという人がいます。この人の場合、社会人になってから学び直したわけですが、教科の学びが自分の「やりたいこと」をかなえることにつながることもあるのです。

お父さん　学校での学びは、将来「やりたいこと」をするために、必要になるかもしれない学びということでしょうか？

山本先生　そうですね。ですから、学びの目的は「可能性を広げるため」というお父さんの答えは間違っていないです。もちろん、微分積分を必要としない人生を過ごす可能性もありますが、将来どんな「やりたいこと」が出てくるかは分かりませんから「可能性」ですよね。選択肢を増やすと言ってもいいです。

教科の学びは社会とつながっています。学校や教師には、その点をもっと意識した教育活動を行う必要があるでしょう。実際、学校における学びと社会をつなげていこうという動きは、近年、活発になってきています。

お母さん　先ほど社会課題について考えるような活動を行う学校も増えてきているっておっしゃっていましたけど、そういうことでしょうか？

山本先生　そうです。例えば、「食品ロス」など、実際の社会課題について調べて、対策を考えていくような活動、それは社会に直結した学びですよね。食品ロスを考えるには、流通も関わってきますから社会科に関連してきます。廃棄食品のリサイクルに注目すれば、理科的なアプローチも必要になります。教科の学びにつながります。

お父さん　社会課題に興味を持って調べていくと、教科の知識技能が必要になる場面も出て来るってことですね。

山本先生　自分の「やりたいこと」や教科の学びが社会につながり、誰かの役に立つことが分かると、学びに対するモチベーションは上がります。学ぶ理由を見つけた子どもは、自ら主体的・自律的に学ぶようになります。

お母さん　やりたいことが分からないうちは、「何のために学ぶのか」が分からないってことですね……。息子は、ちょうどその状態です。「やりたいこと」が見つかるまでは、もう待つしかないのでしょうか？

山本先生　繰り返しになりますが、やりたいことが見つからない子は少なくありません。そういう場合は、誰かのアイデアに乗っかってみることです。何よりもまず「やってみる」という、理屈でなく行動する経験が大切です。その上で、教師からのアプローチとして、僕は、生徒に学びの目的や潜在意識を見える化するために、「学びのミライ地図」というものの作成に取り組んだりしています。

お母さん　「学びのミライ地図」ですか。どういうものでしょう？

山本先生　簡単です。白紙の左下に「今の自分」、右上に「未来の自分」「なりたい自分」と書き、その間を矢印でつなげます。そして矢印の周りに自由に「やりたいこと」を書き込んでいくだけのものです。個人でも簡単に取り組めますよ。

お父さん　教科の学びとのつながりがない「やりたいこと」が多くなりませんか。

山本先生　教科に特化したミライ地図を作成する際は、「英語の勉強がワクワクする『やりたいこと』を考えてみよう」などと呼び掛けます。すぐには書けない生徒もいますが、無理に書かせることはしません。「授業でどんな英語の力を身に付けたいですか」「どんな授業をしたいですか」「あなたのやりたいことに英語は関係しませんか」といった問い掛けを日常的に行い、考えることを繰り返し、無意識に頭の中に「やりたいことは何だろう」という問いを残していきます。そうして教科に関連した「やりたいこと」が出てきたら、達成のための手段を一緒に考えます。手段が分かれば、家庭で取り組むこともできます。

「やりたいこと」が実現していく過程を経験すると、自己肯定感が高くなります。それが友達の「やりたいこと」であってもです。一緒に実現を経験することで、自分の「やりたいこと」もできるようになるんじゃないかという前向きな刺激になります。こうした活動を学校に望めないのであれば、家庭で、家族の「やりたいこと」に一緒に取り組むのでもいいと思います。

「勉強しなさい！」を繰り返す毎日から卒業するためにも、子どもが、学びの目的を自分自身で見つけてくるまで、温かく見守ってあげてください。

おわりに

子育ての期間は、思いの外短いものです。その中であなたはお子さんにどんな言葉を掛け、どんなふうに接していきたいと考えていらっしゃるでしょうか。

勉強せずに遊んでばかりいるわが子に目くじらを立て、うるさく叱り続けるしかない、と思っていますか？

このままではこの子はダメだ、この成績では大学も就職もうまくいくわけがない、と気をもむ毎日でいいですか？

それとも、「この子は大丈夫」とわが子の可能性を信じ、「応援するよ」「味方だよ」と、自律と自立を育む言葉を掛けていきますか？

子育てとは、そういう選択を日々繰り返していくことに他ならないと思っています。

勉強しようとしない子どもを心配して小言を言う。しぶしぶ子どもが勉強をしだす。翌日、勉強しようとしない子どもに気付き、また小言を……。悪循環です。

親が子どもの行く末を案じ、よかれと思って子どもに代わって将来設計などをしてしまうと、子どもは達成感も幸福感も味わえません。

自分で決めていないので、何も感じないのです。

今、学校の成績があまり良くないとしても、自分のことを自分で決められる子どもなら、いずれ必ず、必要な知識を自ら積極的に学んでいけるようになります。自分で進路を決め、就きたい仕事に就いて、充実した人生を歩んでいくでしょう。

自己決定によって道を切り開くのですから、満足度も幸福度も高いはずです。

子どもの人生は子どものものです。親も教師も、どこかで手放さないとならないのです。

本書では架空の家族、それぞれの立場の悩みに対し、少しでも救いになるよう僕の言葉を紡ぎました。中学校に入るまで、親や保護者の指示に従ってきた習君は、1年という時間をかけて、勉強計画を自分で立てられるくらいの自律性を取り戻しました。自律性を取り戻した子どもは、どんなふうに成長していくでしょうか。教師として僕は、習君と同じように、これからの社会を生きる子どもたちに、どのような学びを積み重ね、どんな力を身に付けてほしいのか、考えてみました。

これから社会はさらに変化するでしょう。2024年2月にはアメリカで、アップルから空間コンピューター「Apple Vision Pro」が発売され話題になりました。ゴーグルのようなものを装着すると空間がディスプレイになるのです。机上のディスプレイから飛び出して、3D空間をデザインする「空間コンピューティング」の時代が来たのです。

「じゃあ、子どもたちに空間コンピューティングのスキルを！」ということではないことは、本書をお読みいただいた皆さんになら、お分かりいただけることでしょう。大切なのは、「実現したい社会」をデザインするために空間コンピューティングという「新しい技術」を利用していくという視点、そして何より、「実現したい社会」を思い描いていく力です。

その力を身に付けるために、子どもたちには自分の「好き」を見つけ、広げ、将来の選択肢を増やす経験をしてほしいと思います。海外に行くのも一つの方法です。海外では、異文化でのマイノリティーの経験が視野を広げてくれるでしょう。新たなもの・人との出会いは、「好き」の幅を広げてくれます。

そうした中で、ＳＤＧｓに集約されているような社会問題に気付き、「実現したい社会」という目的を見つけ、実現に向けた課題に向き合ってくれることを期待しています。


変化し続けるこれからの社会に適応し、自力で道を切り開いていくのは、決して楽なことではありません。けれども、自分で選んだ道ならば、苦労も苦労でなくなるということを僕たち大人は知っています。困難を克服することで達成感を味わうことができます。子どもたちにもそういう道を歩んでほしい、と思いませんか？

親にとって子どもはいくつになっても子ども。心配するなと言う方が無理だということは、僕も承知しています。しかし僕も親の一人として、また教師として、「僕ら大人にできるのは子どもたちが自分で考えて行動するのを後押しすることだけだ」と覚悟を決めています。

子どもたちがどう生きるかは、子どもたち自身の問題です。決定権は子ども自身にあります。

決定権は子どもにあるということを尊重し、子どもがどんな選択をしてもそれを応援しようねと、できればご夫婦で話し合い、それを家族にとって「一番大切な約束事」としていただけたら、と願っています。

最後に、本書に執筆した内容は、僕の「教えない授業」での実践を基に、この数年、横浜創英中学・高等学校に勤務する中で、同僚と実践を重ねながら具体的に言語化してきたものです。特に、スクールカウンセラーの普川くみ子さん、佐藤恵子さん（一般社団法人アンガーマネジメントジャパン代表理事）、そして管理職として共に学校改革に当たった工藤勇一さん、本間朋弘さんからは日々多くのことを学び、それらは本書に生かされています。また、第４章に出てくる企業は株式会社植松電機で、代表取締役の植松努さんの人材育成の考えは学校教育にも当てはまるものです。

さらに言えば、日々悩んでいる生徒や保護者とのリアルな対話が僕自身を育ててくれた結果でもあることを付け加えたく思います。
挙げると切りがありませんが、本書執筆の支えとなってくださった学校内外のすべての方に感謝申し上げます。

山本崇雄

山本崇雄（やまもと・たかお）

横浜創英中学・高等学校副校長
日本パブリックリレーションズ学会理事長

都立中高一貫教育校を経て、2019年より複数の学校及び団体・企業でも活動。Apple Distinguished Educator、LEGO® SERIOUS PLAY® メソッドと教材活用トレーニング終了認定ファシリテータ。「教えない授業」と呼ばれる自律型学習者を育てる授業を実践。教育改革や子どもの自律などをテーマにした講演会、出前授業、執筆活動を精力的に行っている。検定教科書『NEW CROWN ENGLISH SERIES』『My Way』（三省堂）の編集委員を務めるほか、著書に『「学びのミライ地図」の描き方』（学陽書房）、『なぜ「教えない授業」が学力を伸ばすのか』（日経BP社）、『「教えない授業」の始め方』（アルク）、『学校に頼らなければ学力は伸びる』（産業能率大学出版部）等、監修書に『21マスで基礎が身につく英語ドリルタテ×ヨコ』シリーズ（アルク）がある。

「勉強《べんきょう》しなさい！」と言《い》わない子育《こそだ》て
学《まな》ぶ力《ちから》の育《そだ》て方《かた》
——「教《おし》えない授業《じゅぎょう》」のエッセンスを家庭《かてい》へ

2024年５月25日　初版発行

著　者	山本崇雄
発行者	花野井道郎
発行所	株式会社時事通信出版局
発　売	株式会社時事通信社 〒104-8178 東京都中央区銀座5-15-8 電話　03-5565-2155 https://bookpub.jiji.com/
印刷／製本	中央精版印刷株式会社
ブックデザイン	吉崎広明（ベルソグラフィック）
イラスト	にしだきょうこ（ベルソグラフィック）

ISBN 978-4-7887-1911-8　C0037　Printed in Japan
落丁・乱丁はお取り替えいたします。定価はカバーに表示してあります。